**AUTORRETRATO
E OUTRAS CRÔNICAS**

CARLOS DRUMMOND DE ANDRADE

AUTORRETRATO E OUTRAS CRÔNICAS

EDIÇÃO ÚNICA COMEMORATIVA

ORGANIZAÇÃO
FERNANDO PY

RIO DE JANEIRO • SÃO PAULO
2018

CIP-BRASIL. CATALOGAÇÃO NA PUBLICAÇÃO
SINDICATO NACIONAL DOS EDITORES DE LIVROS, RJ

A566a   Andrade, Carlos Drummond de
Autorretrato e outras crônicas / Carlos Drummond de Andrade;
organização de Fernando Py. – Edição única comemorativa. –
Rio de Janeiro: Record, 2018.

ISBN 978-85-01-11233-0

1. Crônica brasileira. I. Py, Fernando. II. Título.

17-44687

CDD: 869.8
CDU: 821.134.3(81)-8

Carlos Drummond de Andrade © Graña Drummond
www.carlosdrummond.com.br

Design do encarte: Leonardo Iaccarino

Todos os direitos reservados. Proibida a reprodução, armazenamento
ou transmissão de partes deste livro, através de quaisquer meios,
sem prévia autorização por escrito.

Texto revisado segundo o novo Acordo Ortográfico da Língua Portuguesa.

Direitos exclusivos desta edição reservados pela
EDITORA RECORD LTDA.
Rua Argentina, 171 – Rio de Janeiro, RJ – 20921-380 – Tel.: (21) 2585-2000.

Impresso no Brasil

ISBN 978-85-01-11233-0

EDITORA AFILIADA

Seja um leitor preferencial Record.
Cadastre-se em www.record.com.br e receba informações
sobre nossos lançamentos e nossas promoções.

Atendimento e venda direta ao leitor:
mdireto@record.com.br ou (21) 2585-2002.

Sumário

Apresentação, *de Sônia Machado Jardim*	9
Espírito e sensibilidade de Drummond, *de Fernando Py*	11
Autorretrato	15
Opiniões de Robinson	21
Poetas em maio	29
Ontem, em casa de Aníbal...	35
Espírito e sensibilidade dos mineiros	41
Frutas do Brasil ou da infância	47
Museu: cautela	51
Chuva no papel	55
Figuras	59
Simões e os poetas	63
Carta a São José	67

O pagador e a flor	71
Livros novos	75
O saguate	79
O menino de sua mãe	83
Quando	87
União de contrários	91
Réquiem para *Anhembi*	95
Rosas de Itapevi	99
Cinco mil	103
Incêndio	107
A mão esquerda	111
Desfolham-se as damas	115
O Chalé Miranda	119
Invasão	123
A cadeira voante	127
Velhinhos de Canudos	131
O símbolo	135
Grande noite	139
Os dias escuros	143
Uma folha	147
Vida e memória	151
O poeta Quintana	155
Teresa, pelo mundo	159
O fino Heitor	163
A banda	167
Marília bela	171
O brasileiro Proença	175

Mal de coqueiro	179
A Maria Helena	183
Carta de José	187
V. Cy entre pássaros	191
O inocente	195
A dura sentença	199
Caso de Joaquim	203
Rosa Cordisburgo	207
Coração de moça	211
Nova BH	215
Amor em vez de guerra	219
Outono & amor-perfeito	223
Fugindo à multa	227
Obrigado, Bahia	231
Nasce uma orquídea	235
O companheiro oculto de Aitken-14	239
Helena, de Diamantina	243
A pianista que continua	247
A matriz desmoronada	251
Agradecimentos	255

Apresentação

A primeira edição de *Autorretrato e outras crônicas* foi publicada em 1989 e marcou a inauguração do parque gráfico da Editora Record. Havia um simbolismo na escolha de Drummond para ser o autor do primeiro livro produzido no Sistema Integrado de Impressão Cameron. O poeta, cronista e contista havia falecido em 1987 e, desta forma, sua editora prestava homenagem à memória do querido escritor naquele momento de festa.

Em 2017, esta casa editorial completa 75 anos. Fundada em dezembro de 1942, durante a Segunda Guerra Mundial, por Alfredo Machado e seu cunhado Décio de Abreu, a trajetória da Editora Record ao longo dessas sete décadas se confunde com a história da indústria editorial brasileira. Nos orgulhamos muito de todos os autores que escreveram e escrevem conosco a nossa linda história.

Não foi fácil, portanto, escolher um livro marcante no nosso catálogo para ser publicado de forma emblemática este ano. Um que simbolize a nossa bibliodiversidade, o nosso papel, como editores, de contribuir para a construção de um Brasil melhor, a nossa missão de levar educação e informação de qualidade ao nosso povo. Já publicamos mais de 8.600 títulos pela Editora Record. Tantos autores nacionais e estrangeiros fundamentais, inúmeros prêmios recebidos. Uma escolha de Sofia — livro que, aliás, publicamos em 1981. Entretanto, nos recordamos daquele dia simbólico, há quase trinta anos, e decidimos trazer de volta às livrarias este *Autorretrato e outras crônicas*, outrora *Auto-retrato*. Tanta coisa aconteceu nessas quase três décadas que até a ortografia já não é a mesma.

Tenho certeza de que Drummond, lá de cima, gostará desta edição, e de que seus leitores por aqui irão se deliciar. A crônica que batiza esta obra tem tanta ironia e humor que, sozinha, já vale o livro. O escritor apresenta uma visão humilde de suas qualidades, tão apreciadas por seus leitores e que conquistaram seu lugar de honra na literatura brasileira. As demais crônicas também trazem o domínio pleno da palavra, precisa e direta, que tanto caracteriza a obra do autor.

Que venham mais boas histórias para marcar os próximos 75 anos da Editora Record!

Sônia Machado Jardim,
novembro de 2017

Espírito e sensibilidade de Drummond

Ao morrer, em 1987, o poeta Drummond já deixara prontos para publicar alguns livros, inclusive um de crônicas, *Moça deitada na grama*. Atentando para a enorme massa de boas crônicas ainda inéditas em volume (pois Drummond se dedicara ao gênero durante mais de cinquenta anos), incumbiu-me a Editora Record de selecioná-las para a edição de um livro.

Optei por escolher, de preferência, aquelas não apenas significativas da prosa drummondiana, como também as que se mostrassem atuais, ou seja, não trouxessem a restrição da marca do tempo muito evidente, podendo ser lidas quase como se escritas no momento presente. Não me interessou, também, distribuí-las por núcleos temáticos, o que viria a quebrar um tanto a sua unidade, muito embora tenham sido escritas num período relativamente longo, de 1943 a 1970.

Convém assinalar, por outro lado, que a atividade de cronista, em Drummond, é muito afim da sua poesia. Nestas crônicas podemos notar o tom coloquial, o *humour*, e não raro a ironia (ou "autoironia", como na crônica de abertura), bem típica dos melhores momentos do poeta. Mesmo que, de um modo geral, a crônica possa ser tida às vezes como gênero "menor" (o que, de resto, é uma classificação inconsistente), tal restrição não pode valer para aqueles que a engrandeceram, como Machado de Assis, ou, modernamente, Rubem Braga, Drummond e Fernando Sabino.

O caso de Drummond, aliás, é muito especial. Tendo centrado sua obra na poesia, alçando-se a um ponto não igualado por nenhum outro poeta neste século, criou uma obra em prosa que prima pela simplicidade e correção. Não sendo propriamente um inovador da língua (no sentido em que o foram Mário de Andrade e Guimarães Rosa), exercitou-se nela a fundo, conheceu-a e dominou-a como pouquíssimos. Não é de admirar, pois, que haja muita gente que prefira o cronista ao poeta.

As peças mais antigas desta coletânea foram publicadas na revista *Leitura*, entre 1943 e 1949. São em número de cinco, destacando-se a irônica "Autorretrato" e "Espírito e sensibilidade dos mineiros", muito própria do poeta, sempre de olhos postos nos costumes e modos de ser dos conterrâneos e da terra natal. Todas as demais já pertencem à fase em que escrevia no *Correio da Manhã* (de 1954 a 1969) ou no *Jornal do Brasil* (1969 a 1984). Nesses trinta anos, Drummond cristalizou o seu jeito de cronicar, alcançando a tranquila facilidade de se exprimir sobre assuntos vários, fosse uma enchente no Rio ("Os dias escuros"), o problema das abelhas selvagens, criações de flores ("Rosas de Itapevi", "Nasce uma orquídea"), astronomia, o teatro, a canção popular, o cinema, as estações do ano e muito mais. Tem-se aqui, todavia, um exemplar de todos esses assuntos, escolhidos dentro do vasto espectro temático das crônicas drummondianas, gênero para cujo engrandecimento o poeta contribui decisivamente pelo modo peculiar de abordá-lo.

E é nisto, afinal, que reside o grande segredo da importância da crônica em Drummond. Principalmente ao se referir a amigos mortos ou vivos, ao desaparecimento de uma revista cultural ("Réquiem para *Anhembi*", p. ex.), ou quando aborda assuntos mais perecíveis, como as mazelas da política, o poeta-cronista faz ressaltar o lado humano da questão, põe em destaque os valores morais, e sua atitude liberal está profundamente interessada no homem e na cultura. Crônicas como "Uma folha", "Quando", "O menino de sua mãe" e "Desfolham-se as damas" dão bem a medida do seu humanismo, espelhando nitidamente o espírito e a sensibilidade desse mineiro universal, que fez da crônica uma forma de expressão poética.

Fernando Py
Texto publicado na edição original de 1989

Autorretrato

Diz o espelho:

O sr. Carlos Drummond de Andrade é um razoável prosador que se julga bom poeta, no que se ilude. Como prosador, assinou algumas crônicas e alguns contos que revelam certo conhecimento das formas graciosas de expressão, certo *humour* e malícia. Como poeta, falta-lhe tudo isso e sobram-lhe os seguintes defeitos: é estropiado, antieufônico, desconceituoso, arbitrário, grotesco e tatibitate. O maior dos nossos críticos passados, presentes e futuros, o sr. Pontes, que tirou do próprio nome essa consistência de cimento armado, característica do seu estilo, incumbiu-se de lembrar-lhe todos os dias que ele não é poeta; que poeta, só B. Lopes e Théodore de Banville. Mas o sr. Drummond teima em não escutar a lição desse douto espírito, e a todo momento nos oferece mesquinhas produções poéticas, de que resultam cólicas e explosões nas pessoas de bom gosto, o sr. Pontes inclusive.

O sr. Drummond de Andrade passa por ser o autor de um poema (?) ou que melhor nome tenha, a que deu o título "No meio do caminho". Essa produção corre mundo e é considerada ora obra de gênio, ora monumento de estupidez. Na realidade, não é nenhuma dessas coisas, nem pertence ao estro do sr. Drummond. Com efeito, quem se der ao trabalho de examinar-lhe o texto verificará que se trata tão somente da repetição, oito vezes seguidas, dos substantivos "meio", "caminho" e "pedra", ligados por preposições, artigos e um verbo. Não há nisto poema algum, bom ou mau. Há apenas alguns vocábulos, que podem ser encontrados facilmente no *Pequeno Dicionário Brasileiro da Língua Portuguesa*, revisto pelo sr. Aurélio Buarque de Holanda.

Esse pequeno fato literário fez despertar em alguns julgadores a suspeita de que se trata de um mistificador. Tem-se por vezes a impressão de que o sr. Drummond se diverte com o escândalo produzido por seus escritos, escândalo de que emergem as seguintes opiniões a seu respeito: "É um burro." "É um louco." "É superior a Castro Alves e igual a Baudelaire."

Alguns traços pessoais do referido escritor contribuem para aumentar essa dúvida. O sr. Drummond de Andrade é um indivíduo oculto, como certos sujeitos da oração, ausente mesmo, usa no trato social palavras poucas e frias. Não é visto no Amarelinho nem na Livraria José Olympio. Uns acham-no tímido, outros, convencido. Quando está caceteado na presença de outro escritor, costuma acariciar a orelha com a ponta dos dedos à procura de um fio de cabelo, que arranca discretamente. Em geral não ri. Apenas uma vez foi visto a esboçar um leve sorriso, devido a uma pilhéria oral e mímica do sr. Marques Rebelo. Dizem que o romancista da *Estrela sobe* considera esse fato como um dos seus maiores triunfos.

No conjunto das exterioridades significativas do seu temperamento, há a assimilar que o sr. Drummond mais uma vez se contradiz, passando de escritor a homem prático. Se aquele é abstruso e não raro exotérico,* este é funcionário em comissão, muito metódico e fiel aos preceitos burocráticos, que põe acima dos estéticos e dos políticos. Talvez ambicione com isso aproximar-se do inimitável diretor de secretaria que foi Machado de Assis.

Como servidor público, pode ser visto em seu gabinete à Rua Álvaro Alvim, atendendo simultaneamente a três

---

* Mantido conforme edição original: ANDRADE, Carlos Drummond. *Auto-retrato e outras crônicas.* Rio de Janeiro: Record, 1989. p. 14. [*N. do E.*]

telefones, recebendo vinte pessoas e lavrando vertiginosamente despachos de "arquive-se", "cumpra-se" e "não há verba". Alguns prejudicados por esse último gênero de despacho insinuam que toda a sua atividade é fictícia, e que os negócios públicos caminhariam da mesma maneira ou melhor se ele, em vez de trabalhar, fosse a uma sessão de cinema. Outro ponto a esclarecer.

Não há muita coisa interessante na vida do sr. Carlos Drummond de Andrade, embora ele pense o contrário. Tem explorado largamente o fato de haver nascido em Itabira, cidade mineira do ferro, como se isto constituísse uma singularidade. Também já publicou que foi expulso pelos jesuítas de Friburgo e que não é bacharel em direito nem médico nem engenheiro; é gente, apenas. Dir-se-ia alimentar, entre outros preconceitos, o anticlerical e o antiuniversitário, o que já deixou de ser uma originalidade.

Quanto aos seus críticos, dão extrema importância ao fato de ser ele um homem magro, no físico e na poesia, ao contrário (segundo os mesmos críticos) do sr. Augusto Frederico Schmidt, considerado gordo por dentro, isto é, literariamente, e por fora. É talvez uma nova teoria de crítica literária, que se ensaia no Brasil: a da balança de armazém, para pesar banhas, ossos e letras. Se amanhã, com a velhice que chega, o sr. Drummond engordar e o sr. Schmidt emagrecer, terá de ser revista a classificação de ambos.

Por último, e do ponto de vista dos meridianos literários, que o sr. Viana Moog pôs novamente em moda, o sr. Drummond é um escritor do centro-sul, mas pouco fiel ao seu clã, pois vive de namoro com os escritores do norte. Será um mascarado? É, pelo menos, um sujeito esquisito.

Leitura, junho de 1943

Opiniões de Robinson

Robinson aproximou-se cautelosamente. Percebia-se que era um homem disposto a defender sua ilha deserta.

— Naturalmente o senhor veio aqui para entrevistar-me. Quer conhecer minhas opiniões sobre o mundo do após-guerra, a melhor maneira de domesticar os alemães, a possibilidade de dar comida a toda gente, e outras utopias. Mas eu sou um homem sem opiniões. Tenho apenas meu machado e minha cabana. Entende?

— Não, velho Robinson. Não vim perguntar-lhe nenhuma dessas coisas. Apenas, cuidou-se de dedicar à literatura infantil o número de uma revista e eu me lembrei de procurá-lo, a você personagem típico dos livros infantis, para ouvi-lo discorrer sobre matéria tão complexa.

— Não sou personagem de histórias infantis. Minha história não foi escrita para crianças.

— Precisamente por isso escolhi você, meu caro amigo. Como se explica o fato de um livro escrito para adultos atingir a zona difícil das crianças e passar a ser considerado um livro feito para elas, e até mais compreendido por elas do que pela gente grande?

Robinson coçou a barba de uma exuberância vegetal. Mostrava-se embaraçado, mas estava antes envaidecido.

— Então no Brasil também?...

— Também no Brasil, pois não. A princípio nas velhas e ingênuas séries de quadros coloridos do *Tico-Tico* a sua aventura foi contada às crianças brasileiras. (Chorei minha lágrima na semana em que você deixou a ilha.) Depois vieram outras adaptações e resumos, antecipando a técnica moderna da condensação. Por último você foi apresentado aos nossos garotos pelo escritor Monteiro Lobato, um dos homens que mais fizeram pela criança brasileira, contando-lhes histórias entre fantásticas e realistas, em que lhes ensinava de maneira pitoresca a ciência, a história, a geografia, os fenômenos da natureza.

— Cortaram muito nas minhas peripécias?

— Muito. Mas era preciso, e todo escritor já está habituado a essa operação. O essencial é que o personagem ficasse. E o personagem está vivo. Fizeram o mesmo com o Quixote...

— Este cavalheiro é diferente — interrompeu Robinson agastado. — Nada temos de comum. Trata-se de um sonhador, um lunático, ao passo que eu sempre fui um honrado comerciante (talvez mais comerciante do que honrado) e sobretudo um espírito prático. Minha longa permanência na ilha que cultivei e colonizei não é uma aventura romântica. Não perdi o meu tempo construindo uma torre, mas aproveitei-o fazendo uma cabana fortificada; e não escrevi versos à maneira dos jovens poetas puros; em matéria de escrita, limitava-me a dar talhos na madeira, para indicar os dias e controlar a passagem do tempo. Enfim, minha vida pode ser tida como exemplo de vida prática, laboriosa e construtiva; nela se fundem capacidade inventiva, força de vontade e poder de adaptação.

— Já sei, prezado Robinson, e desculpe se lembrei à toa o nome de um ser tão diferente como o Quixote. O certo é que os meninos gostam de você, homem de vista curta e segura (isto não é xingamento), como do fidalgo manchego, que era a própria imaginação desenfreada. Meninos gostam de tudo, e o apetite infantil em matéria de histórias e caracteres vai ao infinito.

— Além do meu "caso", que é que eles leem ultimamente por lá?

— Tudo. E muitos leem Robinson sem o saberem. Porque você tem mil nomes, fique ciente disto. Os escritores e desenhistas norte-americanos não pecam pelo excesso de espírito criador, e muitas vezes, com feições e rótulos diversos, fazem de você ou de outros personagens clássicos o objeto de suas histórias aparentemente novas. Essas histórias, como tantas outras mercadorias padronizadas, são despachadas para o mundo inteiro e aparecem simultaneamente nos jornais e revistas de toda parte. Sua receita de viver numa ilha deserta tem sido muito explorada.

— Sei disso. Recebo as *Seleções* e ouço o aviso aos navegantes... Hoje em dia, isso de ilha deserta é conversa fiada.

— É mesmo, velho Robinson, e as crianças também o sabem. As crianças envelheceram terrivelmente nos últimos tempos. O cinema lhes trouxe uma soma brutal de conhecimentos. O rádio também. Já não falo das crianças dos países onde se desenvolvem operações militares — essas aprenderam demais. Refiro-me às crianças dos países não invadidos nem bombardeados, das crianças mais felizes e protegidas. Amadureceram muito. Há mesmo quem receie que os contos maravilhosos já não seduzam os meninos mais tenros, a menos que esses contos também se renovem e, por exemplo, exibam uma moralidade mais direta e cortante. Na opinião dessas pessoas, as fábulas estão desmoralizadas. A figura do lobo não interessa; um fascista impressiona muito mais. E as fadas teriam perdido o prestígio, depois que surgiram os paraquedistas.

— Afinal, o senhor está entrevistando ou sendo entrevistado? — estranhou Robinson.

— Tem razão. Vim aqui para pedir-lhe que me ajude a compreender o mistério da leitura — ou um aspecto dele.

As crianças leem histórias para gente grande. Os homens leem contos de Anderson e Perrault. Um conto como "O príncipe feliz", de Oscar Wilde, não se sabe se foi composto para homens ou crianças — todos o adoram. Que é, afinal, literatura infantil?

— Meu filho — respondeu Robinson, gravemente, depois de um minuto de reflexão. — O problema é estranho a minhas cogitações habituais, mas é possível examiná-lo à luz da natureza humana. A literatura infantil é talvez uma invenção dos livreiros. Quem sabe?

— Mas os especialistas...

— Deixe em paz os especialistas. Não é fora da história do comércio ou da sociedade que um gosto ou uma tendência sejam impostos pelo produtor. O uso da gravata nos países ocidentais talvez não tenha outra explicação senão a de que foi estabelecido pelos fabricantes de gravatas. Literatura é uma só, e não parece razoável que se divida em seções correspondentes às fases do crescimento físico e mental do homem.

— Entretanto — arrisquei —, certa maneira de contar...

— Dirige-se de preferência ao público infantil, não é? Mas essa maneira não basta para constituir uma nova forma de literatura, nem mesmo um novo gênero. Dentro da "literatura adulta", se é que vocês a chamam assim, cabem todas as maneiras, formas e gêneros. E a redução microscópica de um gênero é ainda o mesmo gênero. Infantil, geralmente, é o autor da história, não a história em si. O que há de gravidade e consciência das coisas no espírito da criança escapa geralmente a esses escritores especializados em livros para crianças. Como se a criança fosse um ser à parte, que se transforme visceralmente ao crescer.

E o homem positivo continuou:

— Não há escritores para homens e escritores para meninos. Há somente bons e maus escritores. Dentro da categoria dos bons, uns são particularmente dotados para a representação de pessoas, coisas e fatos, reais ou imaginários. Esses criarão histórias e personagens que darão volta ao mundo, fascinarão velhos e moços, mulheres e homens, de todas as profissões, e serão sempre vivos. Não têm a preocupação de uma clientela, de uma classe ou de uma zona de influência. São os escritores propriamente ditos. Os outros são os ruins — não interessam.

E depois:

— Afinal, e sumariamente, a chamada literatura infantil tem o seu principal celeiro no folclore. Mas não é o folclore universal um fornecedor de motivos para toda literatura? O folclore, simplesmente, seria insuficiente para individualizar essa pretensa literatura pré-púbere. Outro elemento de caracterização seria o seu duplo objetivo de recreação e educação (não falo de propaganda, que já é um desvio). Ora, aqueles são objetivos que *podem* coincidir com os da literatura, mas não são os da literatura. É preciso divertir as crianças, como também é preciso ensinar-lhes matemática elementar, mas não vejo em que isto envolva preocupação literária, como não há literatura no ato de cantar para que o filho adormeça ou no de substituir-lhe os cueiros molhados...

— Mas há vida, Robinson ilustre, há vida!

— E a vida não é uma só, sem embargo das diferenciações biológicas?

Fugi. Seria Robinson um conferencista recalcado?

Leitura, novembro de 1944

Poetas em maio

Se me perguntarem o que tivemos de bom em maio, nos domínios da literatura, direi que tivemos as manhãs de maio. Elas são a parte mais habitável do Rio, segundo me declarou um poeta, e eu concordo plenamente, pois em nenhuma outra época do ano a natureza se mostra menos rude no seu combate permanente contra a vida humana nesta cidade. É difícil viver no Rio, e não apenas por falta de uma boa distribuição de bens elementares indispensáveis à existência — comida, pano, catre —, mas também porque o clima não ajuda. Isto explica em boa parte o desajustamento psicológico de tantos trabalhadores, e mais ainda o dos ociosos "felizes", para quem o excesso de facilidades já não adianta, pois é reduzido ou anulado simplesmente pelo calor. Maio, porém, vale por uma trégua na batalha, é o azul diáfano, a pureza do ar pelas manhãs...

Manhãs de maio, sois responsáveis por muita coisa, inclusive pela Primeira Exposição de Poesias, que o Grupo Malraux realizou no salão do Diretório Acadêmico da Escola de Belas-Artes. Oito poetas jovens reuniram-se para expor na parede, datilografadas, as suas produções. E como toda exposição tem um catálogo, essa teve o seu, com dados biográficos da maioria dos expositores e amostras da força lírica de cada um. O mais moço tem vinte anos; o mais velho, 29. "Pela primeira vez no mundo é feita uma exposição de poesias." Receio que essa afirmação tão azul — ó maio, maio — não tenha razão de ser. Poesias datilografadas e pregadas na parede não formam uma exposição de poesia. A exposição de poesia é o livro — ou, se quiserem, o medonho recital. A invasão aos domínios das artes plásticas, que os rapazes do Grupo Malraux promoveram, está indicando, porém, a existência de um problema, que é o da publicidade escassa ou nula para os nossos poetas jovens. Parece que não encontram acolhida na imprensa, ou a encontram fraca. Vinicius de Moraes estendeu-lhes uma comprida mão quando dirigia um dos nossos suplementos literários, chamando-os a todos, os da província como os do subúrbio, e — coisa admirável — pagando-lhes mesmo toda colaboração. A província compareceu com entusiasmo, porém já o subúrbio deixou de manifestar-se, dando a impressão de que ou não existe literalmente como subúrbio ou que tem vergonha de existir como tal. É possível que o nosso grande poeta se tenha enganado, e que não devamos dividir uma cidade entre centro e subúrbio, mesmo sem propósito de discriminação hierárquica e sentimental. As distinções sociais e econômicas visíveis em todo agrupamento urbano não podem ser expressas pela fórmula esquemática de centro e subúrbio, de Copacabana e Madureira, de tal modo se justapõem às contradições mais gritantes em cada bairro ou em cada rua da cidade. De qualquer modo, os novos do Rio não compareceram em quantidade apreciável, e os da província foram pouco a pouco desaparecendo, ignoro por quê. A experiência ficou limitada a um suplemento. Os outros mantêm o critério dos nomes feitos, bons ou ruins, mas feitos. Do lado de fora, circulando entre o Amarelinho e o Vermelhinho, ou entre cafés menos célebres, e espalhando-se mesmo até Niterói, os rapazes de vinte anos sentem falta de jornal ou revista, falta física, como de amor, e quem já passou pela idade sabe que, nessa época, o nome impresso tem macieza de pele acariciada ou gosto úmido de beijo na boca. Não basta escrever, é necessário publicar; de preferência num quadro. Acredito que a exposição de poesias, além do seu caráter de afirmação ou sinal, derivou dessa carência. Mas não me parece a melhor solução por dois motivos. Primeiro: não oferece, em si, atrativo ao visitante. A vista prepara-se para um gozo de natureza plástica, ligado à ideia de exposição — e tão mais perturbador pela ideia de poesia! —, e não o encontra na simples folha datilografada. Os autores foram bastante prevenidos para compreender antecipadamente essa deficiência e tiveram o cuidado de pintar painéis, de que a folha do poema ficou sendo um elemento. A decoração, tão estranha à poesia, tornou-se inevitável. Vê-se um quadro, e nele, entre linhas e volumes, algumas palavras dispostas em estrofe... O que prova o caráter "pintura", não "poesia", da exposição. Se ao menos ao lado da cópia mecânica tivéssemos o manuscrito nervoso do poeta; se o seu retrato, com ou sem ar russo, aparecesse ao lado; se qualquer elemento iconográfico amenizasse a aridez ótica do texto; se a voz do poeta, gravada num disco... Segundo: a duração curta. O poema lido em pé e de passagem (alguns, dispostos obliquamente, forçam a uma penosa adaptação de pescoço) não é registrado pela memória. Perde-se na multidão de anúncios, tabuletas de bondes e ônibus, cartazes de cinema, placas de rua, manchetes de vespertinos e outras produções elementares da literatura, com que defrontamos em cada dia de trabalho na cidade.

Qual seria, pois, a solução? A solução é publicar. Nos grandes jornais, se eles consentirem; nos pequenos, se houver; em humildes e clandestinas publicações literárias, que sempre houve e haverá, custeadas pelos próprios e insolváveis poetas, por um anúncio de loteria ou pela liberalidade do escritor Schmidt. Com miserável apresentação gráfica, em mimeógrafo, manuscrito como os jornais infantis, de qualquer jeito ou sem jeito nenhum, o poeta publica-se. Na era da imprensa industrializada, em que vivemos, o poeta pode chegar ao público limitado da literatura e até às massas sem que nenhum instrumento regular de publicidade venha em seu auxílio. O controle burguês dos meios de divulgação é impotente para impedi-lo. E, às vezes, é deixando de aparecer nos jornais que os poemas se tornam mais conhecidos do povo. Há experiência disto.

Nossos simpáticos poetas de maio dizem-se quase todos marxistas, e eu gostaria de verificar que sim, à vista da exposição. Mas lá não encontrei nada que me demonstrasse a existência de uma cultura marxista na poesia do Grupo Malraux. Tampouco no catálogo, salvo a declaração. Este, de resto, explica lealmente o grupo como "uma tentativa de superação individual". A natureza e o tratamento dos poemas apresentados não denunciam um pensamento dialético e uma concepção materialista consequente, que nos permitissem saudar na geração de 20-30 anos os primeiros poetas brasileiros sob o signo do marxismo. O que não impede que na exposição haja bons poemas, indicando a existência de moços dotados de verdadeira intuição poética, sensíveis, lidos, atentos, preocupados com o problema da expressão, e aqui e ali achando soluções realmente felizes. Marxismo, porém, na mera preocupação social de alguns deles? Não há fórmulas ou receitas de poesia marxista, mas não é difícil descobrir no poeta imbuído dessa doutrina a conceituação filosófica dos fenômenos, e principalmente uma técnica de pensar, analisar e exprimir que o caracteriza sem sombra de dúvida. Por último, lembremo-nos de que Marx não era marxista, na sua própria confissão.

Leitura, maio de 1945

Ontem, em casa de Aníbal...

Desculpem se perturbo a discussão dos grandes temas políticos do momento, universais ou não, para falar de uma coisa bem simples. Fugindo ao assunto geral em proveito de um assunto particular, de lugar e pessoa, estarei corrompendo esta crônica? Não creio. Lugar e pessoa serão sempre as formas imediatas através das quais a realidade profunda se manifesta aos nossos sentidos contingentes, e uma ideia, a rosa mais bela, precisa assumir espécies físicas para existir. Vou pois falar de uma casa e do homem que a habita, considerando uma e outro marcados na nossa vida literária, nela desempenhando uma função e exprimindo tendências que nos são caras.

A casa é em Ipanema e seu morador, Aníbal Machado. "Ontem, em casa de Aníbal" é um começo de conversa que costumamos ouvir às segundas-feiras; quem o diz conta a última discussão política ou literária, ou dá notícia da posição assumida por algum de nós em face da mais recente conjuntura. Posição certa ou falsa, e que despertou tal ou qual reação. Às vezes é com tristeza que nos inteiramos dela, pois esperávamos de Fulano outro comportamento. Mas também há atitudes boas, e conforta-nos saber que outro companheiro corrigiu seu individualismo exagerado, caminhando para uma visão mais liberta dos fenômenos que nos preocupam. Ao lado disto, travam-se discussões sobre temas estéticos que não dividem menos as pessoas, e que ali se esclarecem ou — inclusive — se tornam mais insolúveis, como as questões do hermetismo em poesia, a da natureza específica do conto, a dos direitos do ficcionista como transformador da realidade; tudo isso encontra o seu clima próprio na casa da Rua Visconde de Pirajá, onde um pequeno senhor calvo, de boina e de óculos, recebe os seus amigos e, sem ter um salão literário, que não lhe perdoaríamos nem ele admitiria, estabelece um vitalizante contato entre artistas e escritores de todos os pontos do país.

E do estrangeiro. No tempo em que circulavam navios (falo da pré-história, terminada em 1939), deles desciam europeus, hispano-americanos e americanos do norte que sabiam da existência de certa casa em cuja mesa familiar se comia uma boa comida brasileira e onde se comentava sem pedantismo os últimos livros. Passavam lá uma noite perfeita, porque a casa não era grave nem frívola, mas bem-humorada, sadia e receptiva. Lembro-me, já mais recentemente, da visita de Maria Rosa Oliver, a escritora argentina que parou entre dois aviões e que, não podendo andar, lá apareceu carregada, como uma criança que quase era, nos braços de um dos amigos. Estavam os "amigos de domingo", reunião que geralmente não se faz com menos de vinte pessoas, entre romancistas, poetas, ensaístas, pintores, arquitetos e espécies indeterminadas, que à força de contato acabarão assumindo as características externas de qualquer um desses grupos ou deles todos. Que encanto havia na casa e que a nossa hóspede logo identificou entre uma discussão séria e modinhas cariocas cantadas ao violão? Hospitalidade, sim, mas completada por uma atmosfera intelectual livre e benigna, crítica e cordial. "En la larga mesa familiar, una de esas mesas que siempre tienen aire de fiesta, las discusiones más animadas terminan siempre en riesas, cantos y bailes. Las muchachas cantan o se contorsionan, bajo la mirada aguda del padre que, observándolas a través de sus anteojos bordeados de carey, fuma sin cesar; alguna de ellas sirve el café o los licores, mientras otra, en medio de la batahola, acodada a la mesa, con el mentón apoyado en la mano, se pierde en sus sueños. El clima del hogar de Aníbal Machado tiene algo de cuento de hadas" (*Sur*, dezembro de 1943.) Ora, os contos de fadas podem ser demonstrados. A verdade é que se pisa ali um chão firme, e todos sabem que não há apenas boas palavras para o visitante, senão também compreensão de seus problemas e até o apoio de que ele carece na hora difícil. Os homens de imaginação, fortemente ancorados na poesia, dela muitas vezes recolhem um poder inventivo que atua sobre as relações humanas e oferece novas possibilidades de comunicação. Assim é Aníbal Machado, que sempre nos autoriza a expectativa de um gesto inédito em face de situações clássicas. Nele, o autêntico é precisamente o que não cristalizou e a todo instante se manifesta na pureza do seu instinto criador. Lirismo intenso, que não dissolve o espírito crítico nem a consciência vigilante, antes os envolve numa película de ternura que é talvez o grande segredo desse mineiro tão geral. Estamos de tal modo habituados a ver os atributos de análise intelectual e consciência política ligados à secura de temperamento que preferimos o convívio com eles nos livros; mas, no caso do nosso herói civil de Ipanema, tal assimilação não existe. É homem rígido nas suas convicções, e contudo vive no circunstancial, pratica os pequenos sacrifícios da tolerância, discute com paciência e amenidade, suporta os piores cacetes, não intimida ninguém e ama as formas normais do contentamento humano. A existência cotidiana e ao mesmo tempo fantástica de quem passou pelo surrealismo mas nunca deixou de ouvir e interpretar o barulho da rua explica o sentido especial que damos às conversações no seu escritório, e essa espécie de ambiente feérico apontado pela visita argentina, e mais ou menos sensível a todos os que vão lá ouvir, distrair ou chatear Aníbal. Anotemos pois sua casa em nossa paisagem literária. Dela sai, em estímulo e dignidade intelectual, muita coisa que vai fecundar os livros e as obras plásticas de hoje.

Leitura, junho de 1945

Espírito e sensibilidade dos mineiros

Um jornal de Belo Horizonte andou perguntando a seus leitores qual a melhor frase de autor mineiro.

Primeira dificuldade, na ordem psicológica: o mineiro é pouco amante de frases, ou da ênfase que elas implicam, donde os valores retóricos terem naquelas paragens um curso determinado menos pela admiração do que pela ironia. Dá-se aqui e ali, ao gosto de citar tiradas célebres — Deus sabe com que intenção!

Segunda dificuldade, esta de ordem formal: que é, literariamente, uma frase? Será um conceito completo apenas uma anotação, ou menos ainda, o simples efeito verbal, tirado, por exemplo, da mera anteposição de um adjetivo?

Os mais exigentes hão de preferir o aforismo grato à inteligência e ao ouvido, que uma verdade melodiosa é duas vezes verdade. Mas não se despreze o sensual agenciador de palavras, que lhes valoriza a significação apenas com as reunir de maneira insólita. Para este, pelo prazer que desperta, frase será toda célula do discurso que soe bem, encerre ou não uma sentença exemplar. E ambos estarão certos.

Tendo presentes estas e outras dúvidas, o fato é que os leitores do jornal fizeram sua escolha, e frases mineiras foram aparecendo para a admiração coletiva. Dizem-me que esses "leitores" eram outros tantos literatos, com visão particular de literatura, e não simples apreciadores da coisa literária. Sobra-lhes em categoria o que lhes falta em espontaneidade. Realmente, seria mais curioso avaliar do gosto geral, através de uma sondagem ao mero assinante da folha. Nós escritores, ou que nos supomos tal, sentimo-nos cada vez mais presos a nós mesmos, como indivíduos e como clã. Cada um escreve para si e para os demais colegas do ofício. Nosso público é a própria e restrita comunidade das letras, e não o público normal, que, em países de sedimentação cultural mais profunda, e de maior mercado para o livro, acompanha, anima, julga e "envolve" o autor, determinando maior objetividade para a sua obra e lhe abrindo novas perspectivas. Não falo do leitor simplesmente leitor, sem discernimento ou gosto literário, que procura a folha impressa com o objetivo de matar o tempo, e que constitui o público de toda uma lamentável espécie de escritores de ocasião (tão prósperos!), mas de um outro leitor apurado, capaz de projetar-se na sensibilidade do escritor, advertindo-o do rumo falso que vá tomando, ou trazendo-lhe estímulo para prosseguir. Este leitor é antes um colaborador na obra que intentamos. Mas não temos colaboradores. Temos amigos e temos colegas — não raro amáveis, a ponto de nos citarem.

* * *

Elegendo a forma clássica, do aforismo, um opinante assinalou no romancista Cyro dos Anjos o moralista que ele é, como sabem sê-lo os melhores cultores do romance. Poucas palavras, mas suficientemente perspicazes: "Os sentimentos usam máscaras, até em sua câmara íntima." Também de moralista desabusado é a frase do crítico Eduardo Frieiro: "O rebanho conhece, melhor do que o pastor, a erva que lhe convém."

De como é extenso o conceito da frase em literatura dá ideia esta escolha feita a um conto de Afonso Arinos: "Parece-me que o pau de fogo falava: também quero ir, Joaquim..." Alguns verão nisso apenas um dizer gracioso. Eu encontro bastante poesia, comunicação entre a alma simples e a natureza que meigamente se deixa interpretar por aquela.

Mais do que a escrita, a literatura oral se apresenta apta a satisfazer o interesse dos amadores de frases. E, nessa, o ramo sortido da literatura política. Frase autêntica, lapidar, pela substância como pela forma, é aquela do presidente Antônio Carlos evocada no inquérito jornalístico: "Façamos a revolução antes que o povo a faça." Os historiadores do futuro precisarão debruçar-se sobre ela e meditar-lhe a ironia e a sabedoria, para captarem o sentido da revolução liberal de 1930.

E temos aqui uma frase de quem abomina fazê-las. É do sr. Milton Campos: "O governo que ora se inicia procurará ser modesto como convém à República, e austero como é do gosto dos mineiros." Há realmente que atentar na natureza dos objetivos que esse homem público escolheu para definir seu programa e que estão longe de embriagar os amantes do brilho e de promessas mirabolantes. De resto, inicialmente definem a própria personalidade de quem os empregou, como convém igualmente à índole mineira, que nem sempre produz homens austeros e modestos, mas gostaria de só os contar dessa ordem.

* * *

Se tivesse de manifestar-me num inquérito como este, confesso que não me sentiria muito animado a escolher entre palavra e palavra. É sabido que cada escritor a emprega de diverso modo. E não se comparam espíritos. Entre o melhor de Godofredo Rangel e o melhor de João Alphonsus, cai-me o queixo de perplexidade. Estou que hesitaria longamente diante das saborosas construções verbais de um Diogo de Vasconcelos; da dicção precisa e pitoresca de um Afonso Arinos; da riqueza rítmica, barroca, de um Silva Guimaraens, do aticismo requintado de Cyro e Frieiro; do realismo feérico de um Aníbal M. Machado; da sutil malícia de um Mário Matos ou um Guilhermino César. E não perderia o enleio em face do mordente e correntio Antônio Torres. E, depois de muito hesitar, admito que acabaria optando por uma solução bem simples. A melhor frase de escritor mineiro não é de escritor nem é uma frase. Está nos *Autos de Devassa da Inconfidência Mineira*, volume IV, página 35, e seu autor é Tiradentes:

"E insistindo nisto, por mais instâncias, que se lhe fizeram... não teve que lhe responder, mais que uma simples, e fria negação."

Este não, simples e frio, diante do opressor, parece-me uma boa frase. Porque boa frase, para mineiros, é muitas vezes o silêncio.

Leitura, setembro de 1949

Frutas do Brasil ou da infância

"Do sumo desta fruta faz o gentio vinho, com que se embebeda, que é de bom cheiro, e saboroso." Esta primeira receita de caju-amigo (1587) figura no cronista Gabriel Soares, e mostra como de alguns anos para cá voltamos à taba, em saudável afirmação de brasilidade. Não esquecer, por outro lado, em favor do discernimento dos índios, que o caju é das frutas a que ostenta maior riqueza de vitamina C, em unidades internacionais de 100 gramas: 3.680, seguido de longe pela manga, que contém 1.350, enquanto a mísera banana-nanica não vai além de 60.

Comamos e principalmente bebamos caju: este é o programa. E se quisermos perseverar no estilo nativo, troquemos o enjoado chiclete por uma fruta do cerrado, que lhe faz as vezes com vantagem: o "algodão", ou maminha-de-cadela; seus frutos amarelo-laranja podem ser mascados como versão nacionalista do *chewing gum.*

O Ministério da Agricultura não me pagou para isto; nem comprei um sítio algures, como estás imaginando. Apenas dei para ler dicionários, e entre eles encontro o de *Frutas do Brasil*, de Eurico Teixeira da Fonseca, onde há várias notícias de frutas cultivadas e silvestres tão insuficientemente industrializadas ainda, e desconhecidas até das populações regionais quando não amadurecem a um palmo do nariz.

Algumas são meras hipóteses comestíveis, a exemplo dessa "marmelada" que o padre Ayres do Casal, há perto de dois séculos, foi achar em Goiás, e que não deve ser confundida com o marmelo vulgar nem com a marmeladinha ou puruí, do Pará. Tem tamanho de laranja, casca grossa e anegrada quando madura, "polpa agridoce e desenfastiante". Até hoje não identificada, informa-nos o livro.

Mas o Pará de Eneida, benza-o Deus, pode gabar-se de ser dono dos exemplares frutíferos mais variados do Brasil, a ponto de quem lá atravessar um imenso areal não passará fome. Pode provar o umiri, frutinha doce e resinosa; se lhe apetece um sorvete esquisito, faça-o de taperebá-cedro; cocos silvestres é só escolher, como num cardápio. E o cupuaçu fornece geleia, compota e refrigerante, enquanto você espera o contrabando, que lá é como quem espera o carteiro; além de fornecer o conhecido sorvete que é possível saborear aqui mesmo na Ipanema de Aníbal Machado. No igarapé, tome paracuuba-de-leite; pepino-do-mato é digestível, mas não aconselho: de teimoso, carece que se lhe dê com um pau para abrir. Em caso de penúria, arranje-se com socoró; sem falar no uso enciclopédico da castanha-do-pará, outrora chamada castanha-do-maranhão, e que talvez servisse até para fazer a *Enciclopédia Brasileira*, com que há décadas sonhamos.

Com que satisfação de rever velhos amigos encontro no volume as frutas da infância rural mineira: bacupari, guabiroba (peço licença para dizer gabiroba, como aprendi da boca do povo), ingá, jambo, araticum (que tinha sobrenome sujo), araçá, juá, cambucá, todos esses sabores da terra, que não custavam dinheiro, esses sons abertos. Frutas camaradas, sem esnobismo, dáveis. Riqueza do país ou riqueza particular minha, da lembrança, não sei.

E cismo na oportunidade ou na graça de certas apelações populares que o autor registra: gogó-de-guariba, moela-de-mutum, cabeça-de-urubu, jaca-de-pobre, assim chamado talvez por ter espinhos na casca, ao passo que a outra jaca só tem "verrugas"; cabeludinha, fruta que os paulistas estimam tanto; e essa bochecha-de-velho, que se diz fruta ruguenta, de polpa branca e esponjosa, comível mas — infelizmente — insípida. Veludinha, de Santa Catarina, há de ter sabor gentil; talvez fosse bom recomendá-la em compota aos partidários do atual governo que pretendam fazer oposição ao próximo: uma oposição construtiva, isto é, veludosa.

Quanto à maçaranduba, ou maçarandiba, também paraense, vale reproduzir a advertência de Gabriel Soares: "Quem come muito dessa fruta, pegam-se-lhe os bigodes com o sumo dela, que é muito doce e pegajoso." Ou bigode ou maçaranduba: escolham.

Mundo Ilustrado, 14 de janeiro de 1961

Museu: cautela

Exmo. sr. desembargador presidente do TRE.

Ao ter notícia de que é intenção de V. Exa. dotar o Rio de novo museu, experimentei a satisfação natural do munícipe que vê sua cidade prover-se de mais um instrumento de cultura. Não temos bastantes museus para o povo, embora o povo frequente pouco os museus que possuímos, preferindo os cinemas. Dia virá, porém (pelo alto custo da sessão de cinema), em que a curiosidade geral acuda somente aos museus, e será útil que ela tenha a seu alcance as mais variadas atrações artísticas e científicas. Venha, pois, o museu que está na cogitação de V. Exa., e que se anuncia eleitoral. Pensei logo em felicitá-lo, e aqui estou para isso, não, porém, sem formular as humildes ponderações de quem, desejando o museu, ao mesmo tempo civicamente o receia.

Aplaudo o museu, Excelência, porque mostrará a todos como se semeou, pegou e cresceu entre nós a plantinha democrática, maltratada embora e às vezes até arrancada de raiz, mas com o poder de brotar de novo e criar folha. A ideia de representação popular é tão abstrata que convém simbolizá-la em objetos de madeira, metal e papel, empregados nos atos em que se exprime. Vendo essas coisas chãs, o cidadão adquire a certeza de que o regime representativo existe, mesmo que os representantes nem sempre se lembrem dos representados.

Por outro lado, tenho medo do museu. Ele pode chamar demasiado a atenção para os modos de existência daquele regime. O visitante, observando-lhe os segredos, é capaz de sair bestificado, para nunca mais voltar (e votar).

Que conterá o museu? Títulos eleitorais antigos e modernos, com ou sem fotografia; bolinhas de cera contendo nomes de candidatos, usadas para eleger o Senado da Câmara no século XVII e que se chamavam pelouros; velhas urnas de vinhático e modernos sacos de lona; cédulas que impediam ao eleitor subtrair-se ao controle do cabo eleitoral, e cédulas novas, tão sigilosas e criptográficas que nem o eleitor mesmo sabe em quem vai votar; livros de atas, mapas de apuração, avulsos de propaganda, faixas, cartazes, gravações de *jingles*, diplomas etc. O material não é lá muito empolgante, mas a técnica museográfica pode conseguir prodígios. O perigo é que consiga demais.

Assim, a maqueta de uma sessão eleitoral no Império ou nos primeiros tempos republicanos, com o pau e o trabuco a funcionarem como elementos de persuasão política, e o defunto votando por intermédio do "fósforo", pode envaidecer-nos do progresso obtido. Mas a demonstração, ao vivo, de como se falsificava uma ata eleitoral, não sei, talvez desperte intenções menos puras em alguns políticos da Guanabara, que ainda há pouco, lembra-se?... Não insinuo; temo as repetições.

E se houver uma sala de promessas de candidatos, por exemplo? Terrível é comparar o oferecido com o dado ao povo. Havia e há, é certo, candidatos que prometiam e davam alguma coisa ao eleitor: sapatos, almoço, dinheiro miúdo, o que também pode ser apresentado no museu, com etiquetas classificadoras do material. Mas, e as grandes promessas, de sentido nacional?

Finalmente, aqui entre nós: evite a todo custo que haja no museu uma sala, ou coisa que o valha, com o título "A grande ilusão", destinada a guardar os seis milhões de cédulas que... Uma delas, confesso, foi colocada por mim em urna de Copacabana, e dói-me vê-la de novo, amarrotada, triste, exposta em vitrina. Por favor, Excelência!

Correio da Manhã, 31 de janeiro de 1962

Chuva no papel

Ia pedir o café com leite e o jornal da manhã, porém não havia a quem pedi-lo; nem adiantava fazer o pedido, pois não havia leite, nem pão nem jornal. A chuva suspendera a empregada, o leite, o pão, os jornais e o resto; só não suspendera o rádio, que anunciava a suspensão de trens e aviões entre Rio e São Paulo, enchentes normais em Botafogo e na Praça da Bandeira, desabamentos e mortes habituais nos subúrbios. Restava também o telefone, embora fanhoso e com descargas, que me avisou: "Não vá trabalhar, não só porque não há condução como também porque não há trabalho. Entrou água nos elevadores e o Ministério parou por excesso de chuva, como antes parava por falta d'água. Fique em casa, leia e medite."

Neste verão, tais fatos estão acontecendo uma ou duas vezes por semana. A média não é para desesperar, pois restam quatro ou cinco dias em que o habitante da Guanabara, debaixo de uma chuva menos ingrata, pode fazer o seu desjejum matinal, ler sua folha predileta, sair de casa sem ser de canoa e exercer a profissão. Por outro lado, há certo encanto em não trabalhar, que sem dúvida os senhores já experimentaram, e não me venham dizer que abominam o ócio. Mas percebo que a situação ideal para todo mundo é a ausência de trabalho e a presença de sol; sol especial, nem quente nem baço, antes macio, porcelana azul-clara no céu, verde no mar, dinheiro no bolso, saúde no corpo, e a doce amada no colo, de olhos fechados ou abertos, conforme a indicação do minuto. Hão de convir que estão pedindo demais, e se a mãe-natureza lhes proporciona um dia de folga, acompanhado de chuva e sem as alegrias suplementares que mencionei, não se façam de difíceis, e acolham de boa cara o feriado e a chuva.

Esta é a atitude filosófica. Sempre a recomendo aos amigos, se bem que não a adote pessoalmente; mas isso não invalida a teoria, apenas desmoraliza o filósofo. Em casa, sem poder sair à rua por desafeito à natação, vendo a água desabar lá fora e filtrar-se cá dentro sob a forma individualista de goteiras, e com os baldes e panelas dispostos em pontos estratégicos para impedir que ela invada o lar brasileiro, sou forçoso a admitir que a chuva tem pequenos inconvenientes. A umidade cobriu os móveis com sua capa de asperges; livros começam a melar; roupas no armário mofam; a visão se vai fluidificando; a velha habitação assume o aspecto de um barco enorme e desajeitado, a lutar contra o temporal; se este amaina, é o tédio da chuvinha manhosa, pulverizada, chata, sem grandeza ameaçadora. Chuva que faz o tempo não passar, as coisas não acontecerem ou acontecerem erradas. Realmente, não há remédio contra a chuva; álcool, baralho, leitura e vitrola não subjugam essa onça transparente. Ensaiam-se técnicas para provocá-la, ainda não se inventou uma para detê-la. E o humor do homem, vário e inquieto de natureza, mais se arrepia e se arma de espinhos ante chuveiral tamanho.

Chove chuva! Pra nascê capim! pro boi sujá! pra sabiá ciscá! pra fazê seu ninho! pra pô seus ovos! pra criá seus filinhos. Chove chuva! Vaaá! Isso diz o poeta Ascenso Ferreira, no seu Pernambuco; mas eu, elegíaco entre panelas e tachos, aparando goteira, fico pensando em tanta vida que a chuva não deixa viver, enquanto chove, chove, choooooove.

Mundo Ilustrado, 10 de fevereiro de 1962

Figuras

Reunir sensibilidade literária e sensibilidade musical devia ser um traço comum aos escritores. Infelizmente não é assim. A música, para a maioria dos nossos homens de letras, continua sendo um departamento lateral, e para muitos uma casa fechada, que eles não sentem desejo de visitar. Andrade Muricy, ensaísta e romancista, é dos raros entre nós que enriqueceram sua formação de escritor no convívio permanente da criação musical. Seus vinte e cinco anos de crítica especializada no *Jornal do Commercio* constituem um dos sinais tocantes dessa integração em duas artes que se completam. Quem se animaria a passar um quarto de século escrevendo sobre concertos, comentando fatos de nossa vida musical (que nem sempre são fatos pacíficos), instruindo, animando, formando o gosto das plateias — e a troco de quê, senão de vagas compensações espirituais, ao lado de muito desengano e mortificação? Pois Muricy realizou este prodígio. E realizou-o com a modéstia, a discrição, a dignidade e o saber que são altas qualidades de sua delicada figura humana.

E lá se foi Olívio Montenegro. Não era muito conhecido por aqui, pois se deixou ficar no seu Recife, vindo ao Rio de longe em longe, mas eu tinha a sensação de vê-lo frequentemente na Livraria José Olympio, quando a conversa errava por Pernambuco, e Luís Jardim se punha a lembrar casos e falas de seu amigo. Personagem imitada por Jardim salta à nossa frente, não é só a voz, é todo o jeito e a autenticidade do ser que se projetam e funcionam. Porém, Olívio era mais do que um provinciano simpático, a dialogar com Gilberto Freyre. Era um crítico de espírito probo, interessado na avaliação da obra não apenas pela qualidade de ideias e experiências que contém, senão também pela maneira como as revela. Tenho presente uma fórmula sua, válida principalmente para a poesia: "O artista não é aquele que mais sabe, é antes aquele que melhor exprime. Na expressão está o segredo de toda arte, não como quintessência estética, mas como encarnação viva da ideia; uma visualização do espírito." Sua porosidade à poesia está patente nesta observação: "Costuma-se dizer do homem que é o rei da criação, mas é puro eufemismo. O homem em geral é o rei dos animais. O poeta, sim, é o rei da criação; o que ele evoca não é uma evocação: **é uma criação.**"

E do Rio Grande do Sul, quem é que vem nos visitar? O esquivo poeta Mário Quintana. Ele não vem de avião ou navio, que não é de seu gosto viajar em aparelhos tão submissos à rotina de horários, tarifas e regulamentos. Desloca-se por conta própria, em uma máquina de papel, ou melhor, de palavra. Palavra que, na sua escrita, adquire a suavidade, a música, o sentido peculiar, tudo isso que costuma converter a linguagem de um poeta em linguagem única, dentro do mar de acepções gerais. Seu livro agora chegado chama-se *Poesias* e contém "A Rua dos Cataventos", "Canções", "Sapato Florido", "Espelho Mágico", "O Aprendiz de Feiticeiro" — todo o Quintana esparso desde 1938, e para quem o poema deve ser "como um gole d'água bebido no escuro, como um pobre animal palpitando ferido. Solitário, único, ferido de mortal beleza".

Correio da Manhã, 18 de fevereiro de 1962

Simões e os poetas

Encontro na rua meu velho amigo Simões dos Reis, que há tempos não via. Vai comprar letras de importação?, indago-lhe, em face do seu ar afobado. Porque, com aquela velocidade, só para ganhar dinheiro. Não, Simões corria para perder dinheiro, isto é, tempo, consumindo-o em uma obra de bibliografia.

— Mas, Simões, aos 62 anos? Você, que é editor, e já vendeu abajur, fundou revista, tocou piano, ensinou dança clássica, foi até proprietário de colégio, coisa que dizem render mais do que uma siderúrgica! Está na hora de um bom cartório e de praia. Não chega de bibliografar?

E ele me disse que não. Bibliografia é sua cachaça, e Simões está precisamente organizando, para o Instituto

Nacional do Livro, o grande repertório dos poetas do Brasil.

O pior é que ele organiza mesmo, não tem dúvida. Em 1949, publicou o primeiro volume de uma série que teve de interromper em 1951: dois volumes de inventário biblio-gráfico da poesia brasileira, só na letra A. Era à sua custa, e não pôde continuar. As fichas dormiram na gaveta. Agora, sob os auspícios da entidade oficial, dará prosseguimento ao trabalho, refundindo-o e atualizando-o.

— Tenho 4 mil poetas prontos, de A a C, pelo sobre-nome — diz-me ele. — Cerca de 2.000 da letra A, 600 de B, 1.200 de C. Verbetes redigidos: local e data de nasci-mento, data de falecimento quando é o caso, títulos de obras publicadas com as indicações habituais, e menção dos principais estudos críticos e fontes de referência à sua obra. Para fuão Albuquerque são poucas linhas, mas Castro Alves, por exemplo, come páginas e páginas.

— Mas, Simões, quantos serão os poetas do Brasil?

Ele hesita em responder. Quatrocentos mil, 4 milhões? Sua pesquisa continua e tem um limite: 1960. Quem estreou depois desse ano não entra no rol. A princípio, decidira 1950, mas houve súplica e brados de excluídos, que depois dessa data enriqueceram muito a nossa poesia.

O critério de Simões é fichar apenas os poetas que hajam publicado livro ou figurem em antologia. Pedro Dantas, por exemplo, jamais quis aparecer em volume, porém sua inclusão na *Antologia de Bissextos*, de Bandeira, e sua notória importância no quadro moderno — Dantas compõe o fino — tornam obrigatório o arrolamento. Os poetinhas só de suplemento, esses tenham paciência e aguardem.

Mas nem todos os vates do país batem à porta do apartamento ou escritório de Simões para documentá-lo. Alguns ficam na moita, os difíceis, e muitos, por esse Brasil sem porteiras, ignoram que existe no Rio um senhor interessado em catalogá-los, oferecer-lhes uma chance de figurar no Dicionário ou na História da Literatura e até mesmo, quem sabe?, um leitor atraído pela referência. Por isso, aqui vai o lembrete. Poetas da montanha e do pantanal, da coxilha e do agreste, inclusive os populares, de folheto: mandai vossos dados pessoais e literários a Antônio Simões dos Reis, Rua Gustavo Sampaio, 158, ap. 801, Rio de Janeiro, GB, e se um dia ficardes célebres, lembrai com gratidão o vosso recenseador.

Correio da Manhã, 23 de março de 1962

Carta a São José

Esperança de noivos e amigo de bem-casados, intercessor de agonizantes, chefe da corporação de carpinteiros e padroeiro da igreja universal, no dia de vossa festa um escriba tão pecador como qualquer outro vos saúda e pede que o escuteis.

Não vos suplica nenhuma graça particular, embora saiba que pleiteá-la e obtê-la seria obra de um instante. Vossa sublime serva Teresa de Ávila já dizia que eram espantosas vossas mercês, e que não se lembrava de haver pleiteado nada que não lhe concedêsseis de contínuo. E Santo Afonso de Ligório, cada 19 de março, se comprazia em rogar-vos algo de especial, que nunca lhe foi recusado. Mas servir a santos, que o merecem, é talvez rotina do céu; rotina maior deve ser a assistência a pecadores, gente endurecida e feia, para a qual se voltam a piedade e o amor divinos, ansiosos de aplicação pelo vosso honroso intermédio.

O que se implora nesta página, ó santo mais português do que oriental, e tão brasileiro quanto português, de tal modo penetrastes em nossa geografia e costumes que não há ponto do território onde um lugarejo não ostente vosso nome, e família cristã sem um filho varão que o assine com orgulho — o que se implora aqui é uma graça nacional, bem à altura de vossos poderes.

Descendente de rei e praticante de ofício humilde, revelastes suma capacidade política, simbolizando em vossa pessoa o congraçamento das classes. Fazei o mesmo nesta terrinha, onde o dono do boi se desentende cruelmente com o comedor de carne, o dono de cada coisa com o seu consumidor, e os donos de todas uns com os outros, e os donos do nada também entre si. Por que não assumis o Ministério do Trabalho ou o reformais através de um devoto que siga a vossa lição? Passai a vista pelas leis muitas e inoperantes que regulam o trabalho, e dai uma olhada nos sindicatos, meu santo; o mês é oportuno, pois nele se cobra o imposto sindical, que não floresce propriamente em alegrias para o trabalhador.

Vossas notícias na Escritura vão até o reencontro do Menino Jesus em Jerusalém, quando este orçava pelos 18 anos. Quando Jesus se recolhe, desapareceis, e não se fala mais em vossa pessoa nas escrituras. Nem ao certo sabemos com que idade morrestes. Infundi essa discrição em nossos chefes temporais. Que eles saibam se recolher na hora duodécima, quando já fizeram o que sabiam ou podiam, e principalmente o que não sabiam nem podiam, e há novas caras esperando vez de se mostrarem. Dizei às mais repetidas: Chega! Sumir na surdina é uma das virtudes democráticas.

A iconografia costuma representar-vos seja com um lírio na mão, seja calçando botas rústicas. Bota e lírio nos são necessários, este porque a pureza anda demasiado longe de nossa vida política, para não dizer da vida geral, e daquela carecemos para evitar maiores espinhos financeiros e topadas graves na ordem constitucional, e até mesmo para remover algum bichinho perigoso, menos visitado pela celestial complacência, e que nos queira fisgar o calcâneo. Para remover somente, e não para matar — porque tudo merece viver, numa ordem em que os carpinteiros sejam reis e os reis sejam carpinteiros.

Uma democracia cristã pode muito bem ter-vos como símbolo. Carpinteiro que sois, tentai uma pinguela de pau comum entre o mundo antigo e o novo, entre o leste e o oeste, e, mesmo dentro de cada um de nós, entre o egoísmo e a boa vontade. Peço-vos milagres, eu sei — mas eles são vossa especialidade.

Tomai conta desta nação Brasil, caríssimo José.

Mundo Ilustrado, 24 de março de 1962

O pagador e a flor

O que há de gostoso nos campeonatos e prêmios internacionais que nossos patrícios conquistam lá fora é que, com eles, nos consideramos todos pessoalmente campeões e premiados. Não foi Anselmo Duarte quem ganhou a Palma de Ouro em Cannes. Foi este vosso criado, foram vocês todos. O Anselmo apenas fez de conta, ou nos representou. Na rua, as pessoas que encontrei estavam orgulhosas de si mesmas, era como se tivessem bolado, financiado, dirigido, interpretado e fotografado o *Pagador de Promessas*. E não foi realmente assim? Pouco importa que não fizéssemos muita fé no filmezinho "de amadores", como o qualificou o próprio Duarte. A verdade é que ele resultou de um aprofundamento da nossa consciência brasileira, da atenção com que começamos a reparar em nossa maneira de ser, sofrer, acreditar, pedir, reclamar, viver. E é na medida em que nos descobrimos como tema e como personagens que temos chance de ser contemplados pelos outros e nos universalizarmos. Mas o tom está muito sobre o grandíloquo, e prefiro voltar à euforia pura do começo: fui, fomos premiados em Cannes, também fazemos cinema, não vamos apenas a ele, e deixem-nos saborear este picolé de glória, que dele andamos bem precisados.

E se quisermos ver outra coisa bonita, ela está ali no Jardim Botânico, florescendo por alguns dias. É o próprio mês de maio que lá se encontra em espécie física. São sessenta maios distintos, qual mais requintado e precioso. Maio-laranja, maio-rosa, maio-carmesim, maio-salmão, maio-violeta, e toda a gama de entretons que se pode extrair desses padrões, pelas astúcias da hibridação. E há até o mais-do-que-raro maio branco, aparentemente tão simples, e resultando da síntese de todos esses coloridos caprichos botânicos.

Para encurtar conversa, direi que se trata da belíssima flor-de-seda, ou flor-de-maio, que só floresce nesta quadra do ano, e que até não alterou os seus hábitos, não se corrompeu, não se oficializou. Isto se deve à sua origem cactácea; mas a flor-de-seda partiu da antipatia do cacto para atingir a elegância de um verso de Mallarmé, e rivaliza com a orquídea. Cedeu apenas à habilidade dos jardineiros, desdobrando-se em matizes que há vinte anos não eram conhecidos. Contam que o alemão Oto Woll, trabalhando no Jardim Botânico, operou essas mágicas. Mas eu penso nas donas de casa de uma cidade do interior, aí por volta de 1915, a cultivarem ritualmente os seus vasos de flor-de-seda, e esperando maio para que eles revelassem os seus segredos. Sem polinização artificial, por obra do acaso, ou da intuitiva ciência dessas mulheres, o certo é que muita vez surgiram maravilhosas tonalidades que para minha cunhada Ita eram mais uma prova da existência de Deus, pois à alma devota e jardineira não é necessário um prodígio como testemunho, basta uma flor. E aqui revelo também o meu segredo mínimo: estas flores requintadas de *Zygocactus* ou *Epiphyllum truncatus* são maio para todo mundo, mas para este antigo mineiro são um maio diverso e privativo, ligado a eflúvios da serra, do núcleo familial, do ser infantil, do fundo do fundo de tudo. São flores, são pensamentos perdidos, são visões, alumbramentos?...

Correio da Manhã, 25 de maio de 1962

Livros novos

Com a amabilidade que convém aos autores, se quiserem ser lidos, o poeta Carlos Drummond de Andrade oferece-me os dois livros que acaba de publicar: *Lição de Coisas* (edição José Olympio) e *Antologia Poética* (Editora do Autor).

A circunstância de tratar-se de homônimo deste cronista não me inibe de lavrar o registro de tais obras. Senão de fato, em princípio tenho todos os leitores do jornal em que escrevo e, generosamente, admito que alguns deles queiram travar conhecimento com a poesia de meu xará.

Lição de Coisas reúne poemas escritos a partir de 1960 e ainda não incluídos em livro; a *Antologia* é o que o título indica, mas a peças conhecidas adiciona espertamente algumas novas.

O primeiro livro tem na contracapa juízos de críticos ilustres, nacionais e estrangeiros, sobre o poeta; não vejo entre eles a opinião do aluno de curso colegial, emitida em classe, depois que a professora Maria Luísa Ramos leu uns versos de CDA, segundo notícia de um matutino: "Sim senhor, este cara é mesmo positivo." Foi o ditirambo de que ele mais gostou, até hoje, e sabe-se como literatos são vaidosos.

A positividade do autor é traço que suponho deva merecer atenção do público consumidor, desejoso de encontrar na literatura indícios ou reflexos de uma atitude concreta (não concretista) perante as coisas, as situações, a problemática da vida.

Não sei se o poeta perdeu a força de irritar, que o distinguia; sei que abre de novo o baú de lembranças, reage contra o excesso de bomba do nosso tempo, narra dramas amorosos e psicológicos do próximo, trata galantemente da cidade do Rio, ex-capital sempre capitalíssima, fala de pombos-correio, fazendas, muladeiros, santas, rende preito a Portinari, a Chaplin, ao pintor colonial Ataíde e a Mário de Andrade, explora a palavra como som e como signo, em aproximações, contrastes, esfoliações, distorções e interpenetrações endiabradas. Os senhores julgarão por si.

A *Antologia* seria a antologia de sempre, se não houvesse uma peninha para atrapalhar: a distribuição de poemas segundo critério bolado pelo autor e que sugere uma espécie de autointerpretação. Pediu-me ele que não contasse como é, para dar ao leitor o prazer de descobrir uma antologia bossa-nova. Faço-lhe a vontade. De qualquer modo, ele ingressou numa galeria eminente, pois sua antologia pertence à série que já nos deu os florilégios de Vinicius de Moraes e Manuel Bandeira. Se vizinhança influi, o livro é ótimo.

Os murmuradores acharão impertinente publicar dois livros em um só mês, mas estamos na época do Bi, e ambos os volumes são graficamente bonitos, o que é uma razão ponderável. Eu ia mesmo louvar a capa de *Lição de Coisas*, desenhada por Teresa Nicolao, mas cedo a palavra ao bardo, para fazê-lo:

Pobre do poeta: derrapa
no ritmo como na rima.
Salva-se porém a capa,
esta singela obra-prima
que das coisas nos revela
uma lição exemplar:
torna-se a coisa mais bela
se Teresa a desenhar.

Correio da Manhã, 1º de julho de 1962

O saguate

E volto aos papéis antigos. Tenho hoje para lhes contar a história do presente do imperador da China, como a encontrei em documentos brasileiros do século XVIII, já publicados mas pouco conhecidos. Não direi que a história é de proveito e exemplo, mas sempre é um conto que distrai o espírito, e disso andamos precisados.

Ora, sucedeu que em dia de maio de 1722 aportou aqui à Guanabara um navio procedente de Macau. Vinham nele o patriarca de Alexandria e um padre da Companhia de Jesus. Desembarcando, ambos procuraram o governador Aires de Saldanha e falaram-lhe de um saguate que havia a bordo, com a diferença de que o patriarca se dizia legítimo depositário do saguate, enquanto o jesuíta reivindicava para si essa qualidade. Poupando ao leitor o trabalho que eu tive, de ir ao dicionário, dir-lhe-ei que saguate é termo asiático, assimilado pela nossa língua, e quer dizer presente, dádiva. Era um mimo do imperador chinês ao rei D. João de Portugal, e cada um dos religiosos queria ter a honra de entregá-lo ao destinatário, embora nenhum dos dois exibisse credenciais.

Como a escala no Rio fosse longa, pretendia o padre recolher o tal saguate ao Colégio da Companhia, ao que se opunha o patriarca. Aires de Saldanha coçou a cabeça, sentindo que ali estava uma complicação de que poderiam resultar intrigas contra a sua autoridade, na Corte e na Igreja. Um dos dois estava mentindo. O patriarca era um prelado eminente, mas a Companhia de Jesus também tinha muita força. Saldanha decidiu não decidir nada, mas recomendou que o saguate não fosse retirado do navio a não ser para os armazéns reais, ou para um navio de guerra, que o conduzisse a Lisboa. E, em Lisboa, os dois que se arranjassem.

Conformou-se o jesuíta, mas por pouco tempo. Logo escrevia ao governador uma carta assaz malcriada. "Se este sujeito não fosse religioso...", observa Saldanha ao dar conta do episódio a Sua Majestade. O fato é que o saguate lá quedou a bordo, enquanto prosseguia a discussão. Não quedou muito tempo. Homens desceram ao porão a fim de retirar mercadorias. Estava escuro, levaram luzes. Presume-se que ficou por lá "alguma faísca". Horas depois, os poucos marujos que permaneciam a bordo perceberam fumo a sair pela escotilha fechada. Abriram-na, e saltou enorme labareda. O fogo atingiu o paiol de pólvora e uma explosão liquidou tudo, inclusive o saguate. "Deus Nosso Senhor pelos seus altos juízos foi servido apartar essa dissensão a meu e geral pesar": são palavras do governador.

Terminou o conto. Não me perguntes, leitor, que saguate era esse. Saldanha não o revelou, nem eu posso mandar emissário à China para desvendar este segredo histórico. Seriam porcelanas, estatuetas, lacas, pinturas? Outros tesouros? Agora não adianta saber. E daí, minha história é sem lição, como ficou dito. Longe de mim a ideia de comparar o Brasil a um saguate que pegou fogo enquanto as partes discutiam quem teria a honra de guardá-lo.

Correio da Manhã, 8 de julho de 1962

O menino de sua mãe

Iara Sales, amiga:

Vejo pelo jornal que você está regressando de uma viagem à Índia. Que foi lá para visitar seu filho, um moço brasileiro hoje conhecido como o swami Vijayananda Saraswati. Que passou uma semana em companhia dele, mas não pôde abraçá-lo nem beijá-lo, não pôde mesmo tocá-lo, pois o rapaz, fiel aos princípios ascéticos da ioga, se recusou a isso. E que você voltou feliz com o seu filho e se sente pequenina diante dele.

Iara, sinto que isto não é episódio de radionovela, como os de tantas que você interpreta, e das quais ainda não ouvi nenhuma; novelas que, aliás, nunca me fizeram duvidar do seu talento, visível no seu amor à poesia e na sua arte de interpretá-la. Vê-se também que não é um número inconsequente do Trem da Alegria, aquele trem que andava no horário e dava realmente alegria aos humildes, e que depois ficou sendo sinônimo de hábitos feios nas assembleias legislativas, coisa de que absolutamente você não tem culpa. Esta história não é para o público, embora se publique. Você não está representando nada, como seu filho não representa. Deflagrou em torno e dentro de vocês um acontecimento que tem tudo de romance e não é romance: mudou-se a situação existencial.

A essa hora muitas mães brasileiras estarão lamentando você: "Coitada da Iara, perdeu o filho. Nem ao menos pôde beijá-lo. Ficou sozinha no mundo." Haverá mesmo quem censure o seu menino-grande, perdão, o novo iogue perdido no arraial da Índia, que, à força de se desprender de tudo que é terrestre e sensual, acabou se desprendendo do amor dos meninos às suas mães. Certamente, tais críticos julgam sob o prisma do sentimento habitual, e não compreendem como um filho possa fugir de sua mãe, e a mãe orgulhar-se desse filho. Eles sofreriam no lugar de você, estão sofrendo por você e seu filho. Vivem a situação, mas falsamente, porque a situação não é deles. E somente vocês, que a vivem no real, podem assimilá-la e tirar dela uma nova e pura relação. Como você soube tirar, amiga, declarando-se feliz ao ver a completação do iogue que dominou o corpo e renuncia ao mundo de aparências.

Nada sei de iogas senão o que a curiosidade lê na superfície das coisas, mas através da lição que vocês me deram fiquei conhecendo mais do ser humano. Nada se perdeu neste caso, e acho até que se ganhou. O seu rapaz teve coragem de um aprofundamento na direção a que se sentia chamado, e não era positivamente a mais fácil. Quantos desejariam fazer o mesmo, e não ousam? E quantos se debatem na contradição entre fazer e iludir-se? E você teve coragem e sutileza maior, silenciando sua maternalidade, limpando-a de egoísmo e de supostos direitos. Foi mãe de uma nova forma, tão delicada e profunda que já não podemos medir como você cresceu ao sentir-se pequenina. Você não está nada sozinha, Iara. Repare como se povoou.

Correio da Manhã, 22 de julho de 1962

Quando

Quando o poder, que emana do povo, deixa de ser exercido, ou contra o povo se exerce, alegando servi-lo;

quando a autoridade carece de autoridade, e o legítimo se declara ilegítimo;

quando a lei é uma palavra batida e pisada, que se refugia nas catacumbas do direito;

quando os ferros da paz se convertem em ferros de insegurança;

quando a intimidação faz ouvir suas árias enervantes, e até o silêncio palpita de ameaças;

quando faltam a confiança e o arroz, a prudência e o feijão, o leite e a tranquilidade das vacas;

quando a fome é industrializada em *slogans*, e mais fome se acumula quanto mais se promete ou se finge combater a fome;

quando o cruzeiro desaparece no sonho de uma noite de papel, por trás de um cortejo de alegrias especuladoras e de lágrimas assalariadas;

quando o mar de pronunciamentos frenéticos não deixa fluir uma gota sequer de verdade;

quando a gorda impostura das terras dadas enche a boca dos terratenentes;

quando a altos brados se exigem reformas, para evitar que elas se implantem, e assim continuem a ser reclamadas como dividendo político;

quando os reformadores devem ser reformados;

quando a incompetência acusa o espelho que a revela dizendo que a culpa é do espelho;

quando o direito constitucional é uma subdisciplina militar e substitui a disciplina pura e simples;

quando plebiscito é palavra mágica para resolver aquilo que a imaginação e a vontade dos que a pronunciam não souberam resolver até hoje;

quando se dá ao proletariado a ilusão de decidir o que já foi decidido à sua revelia, e a ilusão maior de que é em seu benefício;

quando os piores homens reservam para si o pregão das melhores ideias, falsificando-as;

quando é preciso ter mais medo do governo do que dos males que ao governo compete conjurar;

quando o homem sem culpa, à hora de dormir, indaga de si mesmo se amanhã acordará de sentinela à porta;

quando os generais falam grosso em nome de seus exércitos, que não podem falar para desmenti-los;

quando tudo anda ruim, e a candeia da esperança se apaga, e o *If* de Kipling na parede não resolve;

então é hora de recomeçar tudo outra vez, sem ilusão e sem pressa, mas com a teimosia do inseto que busca um caminho no terremoto.

Correio da Manhã, 14 de setembro de 1962

União de contrários

No velho número de um jornal pacifista francês, encontrado por acaso, vem a história do casamento do general Von Falkenhausen com a ilustre desconhecida Cécile Vent. Dá-se que esse típico oficial prussiano foi *gauleiter* da Bélgica durante a ocupação nazista, assim como um seu parente mais velho exercera o governo militar do mesmo país, na Primeira Guerra Mundial. A essa família de militares alemães coube, pois, o privilégio de fornecer dois algozes ao povo belga, no espaço de 25 anos. Se o primeiro foi mais cruel do que o segundo, também este não se revelou bonequinho de açúcar-cande, pois, terminada a guerra, os belgas reclamaram o direito de julgá-lo, e o condenaram a doze anos de prisão.

Em 1947, estava o general em sua cela, posto em triste sossego; o tempo escorria mole, ou nem isso; depois da longa vibração de uma vida que conhecera a guerra nos Dardanelos e na China, a pasmaceira, o tédio, o voo de um mosquito observado como um acontecimento. Não, o general não era homem para viver sem ordenar o fuzilamento de ninguém e finava-se de desgosto. O diretor da penitenciária alarmou-se; não queria cadáveres no estabelecimento. Chamou a representante do serviço de assistência às prisões e pediu-lhe que socorresse o pobre. Ela fincou o pé: não e não. Era uma antiga "resistente", lembrava-se bem das torturas infligidas pelos invasores a seus compatriotas; ela própria conhecera a prisão.

A consciência profissional, entretanto, venceu-a. Cécile foi visitar o general, impressionou-se com a sua seriedade e cortesia; verificou que ambos amavam a poesia japonesa, essa poesia alusiva e discreta por excelência; e falaram e falaram de *rebus pluribus*. Ele pediu-lhe que voltasse; ela atendeu. Finalmente, ele foi libertado; ela o esperava numa cidade do Palatinado, onde se casaram, tantos anos depois de se terem conhecido: Von Falkenhausen, aos 82; Cécile, aos 54.

O povo torceu o nariz a esse matrimônio do céu e do inferno, protestando: uma belga que se dá ao respeito, mormente se tem uma ficha heroica, não pode desposar um general alemão. É a vítima abraçada ao verdugo, a ovelha ao lobo, Cristo a Satanás, e outras comparações deste gênero, que o sentimento patriótico irritado inspira à alma popular e até à gente mais esclarecida. O fato é que os dois estão casados e bem unidos. O general (que se envolvera no golpe frustrado contra Hitler) não era a onça que Cécile e seus patrícios imaginavam, ou tinha deixado de sê-lo, por artes do tempo e de Cécile; até na casamata psíquica de um general alemão pode medrar a florzinha do sentimento humano.

O jornal caçoa um pouco desse par de velhos namorados, mas admite na decisão de Cécile uma nobreza que faltou ao cientista alemão Von Braun, inventor das bombas V-1 e V-2, lançadas contra Londres, e que passou a construir mísseis para os americanos; ou ainda aos espiões americanos William Martin e Bernon Mitchell, que atravessaram a Cortina de Ferro e passaram a servir à URSS. Com seu idílio crepuscular, ela superou divisões políticas e rancores nacionais, para além das condições históricas. O próprio general tem seu mérito: ao casar-se com uma belga resistente, de certo modo limpou-se de antigas faltas. Pequena vitória da humanidade sobre a barbárie, diz o comentarista. E vitória um pouco também — acrescento — da poesia japonesa.

Correio da Manhã, 21 de setembro de 1962

Réquiem para *Anhembi*

Conheci um bibliotecário que ficava muito satisfeito com a morte das revistas. "Agora podemos ter a coleção completa", dizia ele, quando uma encerrava a publicação. Aborrecia-o informar ao consulente que faltava determinado número. Por isso, estimava que as revistas morressem, isto é, deixassem de publicar números suscetíveis de extravio.

Esse homem excessivamente escravizado à ordem estaria hoje esfregando as mãos de contente, se por sua vez não houvesse morrido. É que as coleções de *Anhembi*, nas bibliotecas do Brasil e do estrangeiro, não correm mais o risco de ficar desfalcadas. *Anhembi* acabou.

Que é, ou que era *Anhembi*? A mais completa, a mais perfeita, a mais corajosa revista de cultura já aparecida no

Brasil. Publicava-se em São Paulo, de onde, até o dia 5 de cada mês, durante doze anos, nos chegava pontualmente o seu exemplar. Revista de pensamento, especulativa e participante, inseria colaboração de alto nível, nacional, americana e europeia, procurando manter atualizada a inteligência brasileira. Uma edição comum de *Anhembi* continha estudos sobre música de vanguarda, o significado do plâncton na natureza, uma nova interpretação da *Poética* de Aristóteles, os índios Kuben Kran Ken do Araguaia, a literatura policial como modalidade de delinquência platônica — estudos de especialistas, ao lado de um "jornal de 30 dias", que comentava com implacável independência — às vezes um tanto feroz — os fatos políticos, os acontecimentos da vida pública brasileira e internacional, além de resenhas críticas de livros, discos, espetáculos, ciências etc.

Essa "universidade" mensal em formato de livro pecaria talvez por excesso de ambição que era a de abranger toda a gama de interesses do homem contemporâneo, nunca por omissão. Sobretudo não se omitia diante de nenhuma questão fundamental do mundo de hoje, colocando-se numa posição que se poderia classificar talvez de humanismo socialista, sem deformações sectárias.

É deplorável que tamanho esforço cultural, fruto de muito amor à nossa gente e de muita bravura, não despertasse eco entre nós. A venda avulsa de *Anhembi* no Rio de Janeiro era inferior ao número de assinaturas no estrangeiro... E grandes anunciantes lhe recusavam sistematicamente publicidade remunerada, ou porque a achassem de gabarito elevado em demasia para os consumidores de seus produtos, ou porque a achassem incômoda, bravia demais em seus comentários. O que a revista conta a esse respeito no artigo de despedida é de estarrecer. O certo é que, com o papel subindo de 6 a 150 cruzeiros o quilo, em oito meses, *Anhembi* não resistiu.

Que se passa com o Brasil? Prosperam as indústrias, enriquecem os homens, há luxo e beleza; e morrem as revistas de cultura. Teremos que nos satisfazer com a nutrição espiritual de meio milhar de revistas de quadrinhos, cada vez mais lidas por adultos, conforme se vê nos coletivos?

Mando-lhe o meu abraço, Paulo Duarte. *Anhembi* era você, que a planejou, redigiu e manteve por doze anos, mas você não é só *Anhembi*, e continua vivo, capaz de sair para outra, sem ilusão e com alma.

Correio da Manhã, 7 de novembro de 1962

Rosas de Itapevi

Passamos três dias sem jornal, no Estado da Guanabara. As bancas só expunham revistas. E então verificamos esta coisa estranha: deixaram de acontecer coisas no mundo. Os acontecimentos existem a partir do momento em que são transformados em notícia. E as notícias desapareceram. Sentimo-nos ocos. Alguns foram procurá-las no rádio e na televisão. Esses são os que amam o trágico, pois a notícia trabalhada pelo locutor — até mesmo a previsão de tempo para amanhã — assume ar e som de catástrofe. Que estilo operístico, Santo Deus! As pessoas tranquilas preferem a notícia impressa, de preferência em jornal da manhã, em que ela aparece lavada, fresca, pacificada por uma noite de sono.

Pedi à minha banca de jornais de São Paulo, e por eles me inteirei do que estava se passando no Rio e por aí além. E de tudo que li o que mais me interessou, o que ficou sendo a "minha" notícia, foi a existência de uma fazenda de rosas em Itapevi, no Estado de São Paulo.

Sim, senhores: não é de café nem de gado nem de coisa alguma para comer, beber ou vestir, é puramente de rosas, e por isso mesmo se chama Roselândia. E vai fazer da rosa um produto de exportação. Da Alemanha lhe veio uma encomenda de vinte mil flores, a serem enviadas diariamente, de dezembro a fevereiro, para suprir a carência de rosas no inverno europeu. Por enquanto, não é possível atender; instala-se um frigorífico, onde a rosa receberá em sua haste, durante dois dias, um choque de água gelada, que lhe dará condições de viajar. O mercado paulista, entretanto, já é regularmente abastecido pela fazenda Roselândia.

A Alemanha é, aliás, pelo que informa a reportagem, o maior centro produtor de rosas no mundo, e de lá devem ter saído os irmãos Boettcher, que há 34 anos começaram a semear rosas em Itapevi. A família vai aperfeiçoando sempre essa cultura, e tem obtido espécimes que fariam inveja ao próprio inventor da rosa, que uns dizem ter sido Deus, num instante de particular inspiração, e outros um poeta persa.

É curioso que, continuando a gozar do mais absoluto prestígio como flor, a rosa tenha sido proscrita do jardim urbano, de rua ou residencial. Ela se vinga, preparando-se para fornecer divisas como produto de exportação.

E dá-nos ainda uma lição oportuna. Diz *O Estado de S. Paulo* que "o sistema imperativo de cultura é um imperativo para o roseiral; a rosa não suporta duas plantações consecutivas no mesmo terreno". Assim o entendam nossos jardineiros políticos, e não cuidem de plantar pela segunda vez o dr. Goulart na presidência.

Vivemos no mundo da promoção, e aqui se sugere uma: o estabelecimento, em Brasília, da *baillée des roses*, cerimônia durante a qual os pares de França pagavam o tributo de uma rosa ao Parlamento. Não temos pares de França, mas acredito que todo eleitor gostará de levar uma rosa a seu deputado, como homenagem e como lembrete para a revisão constitucional: uma rosa não se planta duas vezes no mesmo terreno. Principalmente de certas espécies silvestres.

Correio da Manhã, 18 de novembro de 1962

Cinco mil

Chegaram um dia desses, mas até agora ninguém conseguiu vê-las. Desembarcaram sob rigoroso incógnito e recolheram-se a local não franqueado à visitação pública. Nem sequer suas malas foram abertas ainda. Aparecerão sem dúvida a nossos olhos mortais, mas não se sabe quando. O primeiro entre nós que terá o privilégio de vê-las bem de perto e de estender-lhes a mão será o dr. San Tiago Dantas. Ele mesmo, porém, há de esperar com paciência. Antes da apresentação oficial, elas precisam submeter-se a exames de laboratório. Estarão doentes? De quê?

Mas, afinal, quem são? Delegadas a um congresso internacional, talvez? Campeãs de basquete? Turistas? Universitárias cingalesas? Observadoras do Fundo Monetário Internacional? Refugiadas cubanas? Frio, frio. São notas de cinco mil cruzeiros, as prometidas, esperadas, desejadas notinhas pedidas ao nosso amigo Thomas de La Rue, velho e bom supridor das necessidades da gente.

De começo as desejávamos pelo valor. Hoje a maioria, exausta de carregar malote em lugar da carteira, deseja-as pela simplificação, e uma ala de museologistas, para coleção, junto às suas irmãs de um, dois e cinco cruzeiros, mais ou menos equivalentes em poder aquisitivo. Contaram-me de alguém que pretende usá-las como papel pintado, nas paredes do quarto, se a pintura for atraente: paisagem do Paraná ou Teresópolis, flores (não a vitória-régia de cinco cruzeiros de Jânio Quadros) ou aéreas bailarinas; estas não precisariam ser do Moisseiev, podiam ser mesmo do corpo de baile do Municipal.

A esse alguém lamento comunicar que a figura reproduzida no verso da cédula de cinco mil é Tiradentes perante o carrasco. Só não se sabe ainda se o carrasco é o mesmo da Justiça de D. Maria I, ou se representa o artista que executou a cena em estilo fiduciário, ou ainda o esteta da Caixa de Amortização que achou conveniente prolongar o martírio de Joaquim José aos limites do papel-moeda, ou mesmo esse ou aquele responsável máximo pela inflação. Pode ser também que represente o capital espoliativo internacional ou norte-americano, se não exprimir o imperialismo soviético, à vontade de quem imaginou a atualização do tema ou de quem receber a nota.

É sina do Tiradentes ser supliciado ao infinito, mas que ao menos o poupem no dinheiro, onde ficariam melhor cenas bucólicas, suaves módulos femininos, para repouso da vista e da consciência: pois esse símbolo patibular não deixa de ser incômodo. Às vezes penso que somos gratos a Tiradentes porque ele se deixou enforcar e esquartejar quase dois séculos antes de nosso tempo, evitando-nos assim o constrangimento de sacrificá-lo por nossa conta. Se estivesse vivo e atuante, não sei o que seria dele e de nós. Por via das dúvidas, continuamos a castigá-lo em horrendas estátuas, sinistras pinturas e agora em notas de cinco mil nadas.

Correio da Manhã, 26 de abril de 1963

Incêndio

Vi a menina procurar pela mãe, na multidão em frente ao edifício que pegara fogo, e ninguém dizer-lhe onde estava ela. E a menina sabia que a mãe morrera; sabia de vaga notícia, de obscura ciência, como essas coisas se sabem sem necessidade de testemunho. Ela passeava entre populares e fotógrafos o seu rostinho contraído, sua vozinha de choro, sua escassez de palavras. E quando apareceu um bombeiro para dizer-lhe que a pessoa morta não devia ser sua mãe, todos os sinais tranquilizadores que ele dava eram precisamente sinais confirmativos da perda. E a menina era apenas uma dor humilde, entre outras que latejavam naquele momento em meio à confusão das providências para apagar as chamas e salvar as vidas.

Vi a moça dependurar-se à corda, lá no alto, sua saia abrir-se como uma flor redonda, parece mulher ensaiando voo, os cabelos são louros, a moça vem devagar e difícil, os braços tensos afrouxam, ela tomba no vazio. De repente não é mais nada senão uma forma chata sobre a marquise. Raro é ver a morte operar assim à plena luz, sem disfarce nem preparativos de anos e anos. A morte dando demonstração. E a morte estava solta no vão entre dois edifícios, um que se queimava, outro que assumia o papel de porto de salvação. A vida por uma corda, fora do circo, no coração do cotidiano. Uma corda que não chega a rebentar, não é preciso, as mãos da moça é que cederam.

Vi... Não vi nada disso no local, mas em casa, em preto e branco, repetido pelo televisor que captou a morte, a dor da menina, o material da tragédia no momento em que ela se fazia. Mas é a mesma coisa. A documentação hoje em dia não acompanha a vida de perto: confunde-se com a vida, e, o que é terrível, nos obriga a todos a ser espectadores de dramas que não podemos remediar, mas cujos horrores temos de contemplar de cara. A menos que desliguemos o aparelho, como o avestruz se recolhe às penas, assistimos de palanque ao incêndio, à inundação, ao terremoto.

Desses homens e mulheres sacrificados no último incêndio pode dizer-se que morreram antes da hora, não de sua própria morte, mas de outra improvisada e injusta. Arde uma casa e as chamas não matam ninguém. O que mata é a fuga ao incêndio, é a impossibilidade de fugir a ele, nesses edifícios onde tudo foi previsto menos o resguardo da vida de seus moradores. É o despreparo, a omissão, o que-nem-me-importa com o que possa acontecer, porque na maioria dos casos não acontece nada, os incêndios não são diários e metódicos. Vivemos sob o signo da ameaça, e com ele nos habituamos de tal modo que nem o sentimos. Todos esses edifícios, amontoados, colados, como um rebanho denso, toda essa gente dormindo ou trabalhando em seus milhares de escaninhos no ar, sem garantia a não ser o acaso, previsão, sem consciência do perigo, até que um dia a moça loura se agarra desesperadamente a uma corda e depois arria como um balão tascado... É de arrepiar.

Correio da Manhã, 30 de junho de 1963

A mão esquerda

Muita gente afrontou a chuva brava, na noite de 19 de maio, para ir ver, na Galeria Goeldi, a exposição de Lúcio Cardoso. Não o fez — julgo por mim — movida por simples curiosidade de conhecer a pintura de um literato, ou por solidariedade sentimental em face das atuais limitações físicas do autor. Creio bem que foi a magia da personalidade artística de Lúcio Cardoso o polo de atração de tantas pessoas.

Poeta na mais extensiva aplicação do termo, ele é dos que, usando meios puramente estéticos, trabalham por desvendar, no sistema de realidades aparentes, a realidade subterrânea do homem. Em sua obra, está sempre buscando dizer alguma coisa mais do que o mero tecido verbal parece captar — o que se deposita no fundo do fundo do mar de nós mesmos. Nesse sentido é compreensível que as palavras não bastam para dizê-lo, muito embora o poeta-romancista saiba extrair delas o máximo de expressividade. No rastro dessa verdade absoluta, que só ela o satisfaria, o artista vai então recorrer a outros materiais e instrumentos, pois o a-dizer importa mais do que o como--dizer. Tampouco é relevante que essa apreensão de meios e técnicas seja motivada imediatamente por circunstâncias pessoais que tolham o exercício da composição literária. A fome de outros elementos de sondagem e comunicação está latente em todo espírito criador. Felizes dos que, mesmo na condição adversa, ou ao preço dela, satisfazem esta necessidade que, correndo o risco da hipérbole, chamarei de sublime.

No caso de Lúcio Cardoso, o pintor não irrompeu de uma situação de crise assim como uma planta absurda que nascesse no ar, da semente jogada ao acaso pelo voo de um pássaro. O pintor estava dentro dele, vigiando e esperando a sua hora, que poderia não vir, e veio, como ouso dizer que o músico está dentro dele, sugerido com certas soluções plásticas, na riqueza de dons que o fizeram, de nascença, fatalizado, um artista.

Vendo seus 39 trabalhos expostos, de figura e paisagem, em que o sonho e o mistério da alma assumem formas de patética beleza natural (e não foi possível vê-los com a recolhida e tensa contemplação que merecem, no burburinho de noite de inauguração), quedei-me assombrado: que maravilhoso ser é o homem, tão mais dono do que escravo de sua vida! Pois viver está sendo para Lúcio Cardoso, paradoxalmente, o exercício de ser livre. Ele cria e se oferece um mundo, e a nós também o oferece, chamando-nos a participar de suas visões, contagiando-nos desse perturbador e sutil poder de descobrir, fixar e nomear coisas transcendentes, seja pela palavra, seja pela forma e pela cor com que uma admirável mão esquerda, soberana e invencível, mergulha no conhecimento para transfigurar o caos.

Correio da Manhã, 21 de maio de 1965

Desfolham-se as damas

Uma a uma vão-se desfolhando as damas famosas. Abre-se o jornal, e lá se foi esta; aquela se desfolha pela televisão, que tem gula de dar a notícia simultaneamente aos ouvidos e aos olhos, porque assim a torna mais dramática. Vão-se as damas que amamos um dia, de amor real ou imaginário, ou que simplesmente conhecíamos de nome e rumor, porém que ocupavam espaço considerável na tela de nossa vida, pela informação. E até aquelas que supúnhamos mortas há longo tempo, e que os livros incorporaram à história social de antes das duas guerras, reaparecem para morrer publicamente, uma segunda vez, e definitiva.

Não fui a Paris, Catarina Otero, no tempo em que lá floria tua "beleza de grande morango espanhol", *trop peinte, trop rose et trop noire*, como a viu um memorialista maldoso; nem mesmo eu havia nascido então. Mas ainda pude recolher alguns raios da tua luz de vedete, nas revistas ilustradas que levavam tua imagem *étincelante*, emergindo de tufos de violetas e joias, à minha cidadezinha mineira. Menino, eu era dos que pelo mundo afora sabiam da existência da Bela Otero, e de certo modo a tinham como parcela de seu patrimônio mental, que abrangia a Torre Eiffel, Max Linder e os balões de Júlio Verne. Haveria impulsos eróticos subjacentes nesse interesse infantil? Não é hora de apurar. Hoje cantarei apenas teu responso lírico, e nem quero lembrar que em Nice o teu quase centenário era uma saudade murcha do bacará e de amores lontanos. Este era o teu fantasma jornalístico; tua imagem vera está no centro da *belle époque* e dos devaneios confusos de minha *jeune époque*. Dorme em paz, bela amiga, rútila estampa itabirana à distância.

Helena Rubinstein, posto se chamasse Helena e desse beleza às mulheres, não era bela. Talvez por abnegação, excluía a beleza de si própria para distribuí-la nas cinco partes do mundo. Vejo-a no enérgico retrato de Portinari e na sugestão esparsa de suas obras, mulheres feitas de cremes, pastas fazedoras de sonhos, e imagino os êxtases táteis e visuais que as peles — as cútis, se preferem — por ela valorizadas despertaram em tantas gerações e países. Obrigado, nonagenária fabricante de ilusões, isto é, de realidades novas sobre o real exaurido.

E Mae Murray, que era uma boneca sofisticada dançando *jazz* na minha mocidade e passou como nuvem de ouro em crepúsculo rápido? E Jeannette MacDonald, vaga-lume-gato-violino, que ofendia a sensibilidade crítica de Angel Zuñiga com os seus agudos de locomotiva, mas para nós outros surgia confortável e feiticeira, loura imagem de dentifrício americano, sorrindo à bilheteria, à música fácil, à fácil admiração dos frequentadores do cinema depois do jantar?

E vem agora Bebê Lima Castro, querendo-se amortalhada em roxo, recoberta de roxas saudades, D. Bebê que, cantando como Orfeu, cativou até um *signore* de maus bofes chamado Benito Mussolini; Bebê do Rio de João do Rio e de Ataulfo de Paiva, dos trezentos de Gedeão e da *jeunesse dorée* dos corsos em Botafogo, das batalhas de flores de Figueiredo Pimentel. Mas que fazia ela em seu recolhimento da Urca, entre velhos criados fiéis, se tudo em redor eram novos tempos, novos costumes, ritmos e palavras, e existir fora do seu tempo é um duro contraexistir? Folhearia lembranças selecionadas, na brisa do mar, nas páginas de álbuns *art-nouveau*, em coleções do *Fon-Fon* e da *Revista da Semana*? Palmas antigas do Municipal voltavam a ressoar no vento, especialmente para ela? Ou o passado não passa nunca, e o presente não tem a mínima significação quando sabemos prender com alfinete invisível as melhores horas antigas?

Uma chama envolve estas perguntas, e a seu clarão diviso Linda Darnell, que se estorce e retorce, fechando a série de damas famosas que perdemos. Esta é a morte dramática, em sacrifício ao próximo, o único filme realmente não representado mas vivido pela artista em penumbra: morrendo para salvar uma vida, Linda resgata a infinita frivolidade do cinema, no seu mais alto papel. E lá se vão desfolhando as mulheres, como desfolhada está a crônica, meio nênia meio pavana para infantas maduras, que de um modo ou de outro se projetaram na minha, na tua vida. Pelos excessos de amor, de admiração e de inveja que inspiraram, e que por certo não lhes foram nada cômodos, merecem a reparação do sono suave e perfeito, sem memórias da contingência terrestre. O prêmio que Deus concede, no final do poema de Antônio Nobre:

— Dorme, dorme.

Pulso, 22 de maio de 1965

O Chalé Miranda

O historiador Guilherme Auler, pernambucano de nascimento, tornou-se o mais constante esmiuçador do arquivo do Museu Imperial e vem revelando em sucessivos trabalhos o resultado de pesquisas sobre D. Pedro II e sua projeção na vida petropolitana. O "órgão oficial" dessas comunicações é a *Tribuna de Petrópolis*, há anos dirigida por esse estudioso, que se gaba de não permitir no jornal certa seção encontrável no mais humilde semanário da mais rústica cidadezinha de Mato Grosso: "Graças a Deus, a *Tribuna* não tem colunismo social, apesar de inúmeras tentativas e ameaças de semelhante malefício à higiene mental dos leitores..."

Não tem colunismo social? Tem, sem sabê-lo. Os achados sobre o ambiente social em que se movia nosso

119

simpático imperador-presidente, certas informações acerca do que se usava e se comia em sua casa na serra, o mistério das cartas anônimas com que era de moda atenazar a paciência do mordomo imperial, tudo isso, referido no jornal, constitui matéria para crônica mundana, com a devida pimentinha. Apenas, com o polir do tempo, transformou-se em história, ou, se preferem, em *petite histoire*, que é colunismo social passado a limpo, tornado inteligente, como as memórias de Saint-Simon o são e todas as memórias deviam sê-lo. Afinal, a gente compreende o que há por baixo da proibição do gênero, no discreto jornal de Auler: não é o gênero em si, que aborrece, mas vê-lo tão maltratado!

Nossa bisbilhotice estaca um momento diante dessas contas do Palácio Imperial de Petrópolis, desencavadas pelo historiador. Referem-se aos primeiros trastes comprados para a residência de verão do monarca: alguns tão íntimos que não se sabe se convém tomar conhecimento deles ou fazer como nessas casas de cerimônia aonde a gente vai cheio de protocolos e de repente topa com um sutiã jogado na poltrona do *living*, Deus sabe por que artes do Sujo: disfarça e passa adiante. No caso, não há sutiãs a ignorar, há uma profusão de urinóis: 12, azuis, a 1$400; 12 ditos, brancos, a $960; 52 ditos, brancos, a $600; 10 de friso dourado e 74 brancos, pintados, sem indicação de preço; 8 de retrete... O sociólogo aí encontra imagens para ilustrar a divisão da sociedade em classes, com o azul a distinguir a pessoa de alto gabarito da pessoa comum ou escrava, o régio dourado sobrepondo-se ao azul etc.

Não se procure luxo, entretanto, nas instalações imperiais de 1840. Nosso homem coroado era simples, a corte sem maiores vaidades além dessa, implícita, de ser corte. No mobiliário, algum jacarandá, mogno e charão, para não destoar dos interiores burgueses da época: 2 espelhos grandes, 2 escrivaninhas, 2 cabides de vinhático, apenas "um toucador rico de S.M. a Imperatriz". O mais são camas de vento, bandejas de folha, reles bacias de arame e de estanho. Quando Suas Majestades escrevem, usam "2 tinteiros de casquinha", isto é, peças ordinárias, de cobre ou latão, revestidas de uma camada fina de prata ou de ouro. Há casquinha e latão em tudo, como a definir o revestimento imperial da estrutura brasileira: castiçais de casquinha, salvas de casquinha, cachimbos de latão. Era de latão o nosso parlamentarismo daquele tempo, como viria mais tarde um presidencialismo combinando o aço à manteiga de Minas.

Entre esses objetos modestos, descansava D. Pedro II de suas lidas e aborrecimentos no Paço e refrescava-se do calor carioca. Abrindo a janela, numa noite de março de 1881, podia escrever à sua distante amada Condessa do Barral: "O luar está saudosíssimo." Mas a casa em que lhe apetecia passar algumas horas não era essa residência oficial de verão, de móveis e utensílios relacionados nas contas que acabei de ler graças ao Auler. Era um misterioso (para nós) Chalé Miranda, que ninguém sabe hoje onde ficava, e em cujo interior, na quietude petropolitana, o Imperador passou talvez suas melhores horas no Brasil. A julgar pelo que escreve à amiga-amada distante:

"Com que saudades olho sempre para o Chalé Miranda!" "Quanto olhei para o Chalé Miranda!" "Ainda vou reler a (carta) de hoje e imaginar que estamos no Chalé Miranda estudando os mapas."

Mas desse lugar de sonho imperial ninguém sabe nada, e a historiografia está longe de dizer como era mobiliado. É melhor assim. Podemos imaginá-lo provido de todos os esplendores asiáticos que faltaram à existência burguesa do nosso rei-constitucional. Por favor, não me descubram o Chalé Miranda, conservem-no assim mesmo, escondido na paisagem de Petrópolis, dando poesia e beleza à vida de Pedro II!

Pulso, 3 de julho de 1965

Invasão

Se não mentem as notícias de Campos, a casa-grande da Usina Ururaí, naquele município, foi invadida brutalmente, seus ocupantes tiveram que fugir às pressas para não sucumbir, e os invasores se instalaram com intenção de jamais abandonar a propriedade. Para isso, estão providos de armas especiais, que por um processo também especial anulam a resistência dos adversários: trata-se de substâncias tóxicas, injetadas velozmente no corpo do inimigo, antes que ele tenha tempo de esboçar a menor reação.

Como nenhuma força organizada se atrevesse a enfrentar tão poderosos invasores (as autoridades alegaram o despreparo técnico da polícia e falta de equipamento especializado), um deputado acorreu à radioemissora campista a apelou com veemência para a mocidade, propondo a abertura de voluntariado. Ninguém acudiu ao apelo. Não se sabe por que impedimento legal, os ministérios militares abstiveram-se de intervir. Enquanto isso, multiplicam-se as notícias de pessoas vitimadas pela sanha do numeroso grupo que tomou de assalto a Usina, paralisando-lhe os trabalhos. Espetáculo confrangedor é o de cinquenta colegiais atacados barbaramente, apenas porque, movidos de inocente curiosidade, espreitavam os arredores da casa-grande. Enchem hoje as enfermarias da Santa Casa.

Obedecendo ao posto de comando montado na sede da Ururaí, a horda feroz desloca-se para irromper de surpresa nesse ou naquele ponto da região. O testemunho da população aterrorizada fala em grupos cada vez mais agressivos e mais numerosos, como se a cada instante seus componentes se multiplicassem por um golpe de mágica. "Caem sobre a gente", informa um velho morador, em pânico, "como se fossem paraquedistas ou seres vindos de não sei que outros mundos."

Esta é a situação, que não foi controlada nem se sabe como virá a sê-lo. A ordem é matar os invasores, e ninguém a cumpre; todos preferem fugir a arriscar-se. Parlamentar com os invasores é totalmente impossível. Investem contra quem se aproxime, surdos a qualquer explicação. Nem sequer falam outra língua a não ser a da fúria, que dispensa intérpretes. "E o pior", lamenta-se um dos usineiros de Campos, "é que nós mesmos é que trouxemos essas hordas para cá. Fomos buscá-las muito longe, pela fama do bom trabalho que executavam, apesar da braveza. E nós tratávamos tão bem essas criaturas, com tanta cordialidade... Por que fazem uma coisa dessas? Queixam-se de escravidão? De excesso de trabalho? De quê? Não estou entendendo nada!"

Algum leitor que tenha assistido em S. Paulo a *Biedermann e os incendiários* pensará que se reproduz em Campos o drama de Max Frisch, com o burguês acolhendo em casa e dando de comer aos que iriam destruí-lo e a seus bens. Outro se lembrará de Sartre e *Les Mouches*: a cidade de Argos ocupada há quinze anos pelas moscas que os deuses fizeram baixar como símbolo de remorso coletivo pela indiferença com que os habitantes assistiram à morte de Agamenon às mãos de Clitemnestra. Nada disso. Nem os usineiros pretenderam repetir Biedermann nem há crime a vingar no Estado do Rio, ao que se saiba. Os invasores da Usina Ururaí são simplesmente abelhas, abelhas-africanas, importadas. E terríveis.

Correio da Manhã, 25 de agosto de 1965

A cadeira voante

Quando garoto, eu jamais poderia imaginar o Papa em Nova York. O lugar do Papa era fixo, ele estava aparafusado em seu trono pontifício até a consumação dos séculos. Contaram-me que o Papa desde 1871 se considerava prisioneiro dentro de Roma, não se permitindo sequer uma escapada a Castelgandolfo. Era triste e nobre esta situação, e dava ao governo da Igreja uma poesia de colorido romântico, fortíssimo. Já barbado, tomei conhecimento do Tratado de Latrão e não o aprovei. Eu não negociaria com Mussolini, e senti que Pio XI o fizesse. Mas o Papa tinha lá as suas razões, e vi-me forçado a corrigir a imagem do Sumo Pontífice imóvel em seu cativeiro vaticano. Passam-se os tempos, e que vejo? A "sede gestatória" de

Sua Santidade é hoje uma poltrona de avião pressurizado, que conduz o Papa tanto a Jerusalém como a Bombaim e a Nova York. O Papa é hoje prisioneiro do Mundo, não de uma coroa italiana que virou farinha. Contemplo as radiofotos e quero não acreditar, quero recompor o perfil do grande solitário em seu palácio de derrota, mas o derrotado sou eu. Esta figura do Papa itinerante e voante me impressiona muito mais, e sabê-lo em Nova York, na cidade ululante, fichada como capital do negócio e da impersonalidade humana, arrasa com toda a mitologia que se formou na infância.

Pois é: o Papa em Nova York. Tão natural para meus netos, para essa gente nova que aí está perguntando a si mesma: "Por que ele não resolve logo dar uma espiada no cosmo, dentro de uma astronave pilotada simultaneamente por norte-americanos e russos?" E ninguém irá cair para trás de espanto no dia em que isto acontecer. Enquanto não acontece, deixem-me sentir a emoção desta presença em Nova York. Para minha geração, é fabuloso. Lembro o velho poema de Blaise Cendrars, *"Les Pâques à New York"* (1912). O poeta buscava em vão celebrar a Páscoa na cidade cheia de sombras e reflexos sangrentos da noite: *J'aurais voulu entrer, Seigneur, dans une église, / Mais il n'y a pas des cloches, Seigneur, dans cette ville.* Como não há sinos, numa cidade que tem hoje 400 paróquias? Mas o Papa fez mais do que entrar na Catedral de São Patrício, e ali rezar, e dali, no alto da escadaria, abençoar a 5ª Avenida;

fez mais do que receber na Igreja da Sagrada Família as delegações de católicos, protestantes e judeus, que iam conversar com ele, acima das diferenciações religiosas, sobre o lancinante desejo de paz que move hoje todos os seres não perversos da Terra. O Papa foi ao Estádio Yankee e lá é que celebrou a sua missa, depois de dar uma volta em torno do campo, como um campeão olímpico, em seu carro de teto plástico transparente. Não foi numa das centenas de igrejas de Nova York que ele quis oficiar, foi num estádio, lugar onde hoje se fazem as imensas concentrações de entusiasmo, de paixão e de fé. E, como se não bastasse, o Papa foi à ONU falar com políticos e diplomatas, com os senhores da guerra e da paz, para dizer o que de mais importante deve ser dito. Não sei se a ONU o ouvirá, no grau em que merece ser ouvida esta voz moderna de Papa peregrino: ouvi-la não só no momento, mas depois, mas sempre. Sei que o Papa se tornou um homem mais poderoso, porque comum; mais eficiente, mais atual, mais chefe, mais humano e sofredor, mais querido até dos que não se vinculam à sua Igreja ou dela se desinteressaram. Ele viaja com as palavras da razão e do amor, que afinal se confundem numa só. Dá-me vontade de repetir Appolinaire: *"L'Européen le plus moderne c'est vous, Pape Paul VI."*

Correio da Manhã, 6 de outubro de 1965

Velhinhos de Canudos

Meu amigo Funchal Garcia é que sabe viver: não é rico, e faz o que lhe apetece. Escreve histórias, pinta montanhas e vales, ensina a garotada a rabiscar, veste-se de púrpura para interpretar o Gonzaga da *Ceia dos Cardeais*, viaja no tempo e no espaço. Sim, no tempo também. Quando lhe dá na veneta, vai até o monte de onde o silvícola espiou a primeira nau portuguesa, e recria, civilizado, as emoções do Descobrimento; ou, senão, perde-se entre os restos trágicos de Canudos, restos de coisas e almas, e, conferindo *Os Sertões* com a realidade, vive de novo o drama de Antônio Conselheiro e seus fanáticos.

Com seu dólmã, sua cabeça prateada, sua maneira entre agreste e afetuosa, sua prosa cheirando a terra, é encontrado vez por outra na Livraria São José, meca despretensiosa dos que amam os livros e não podem dispensar-se deles, ao menos para pegar e alisar. De repente some, durante meses cadê Funchal? Está por esses aléns, passando a óleo a Serra de Caparaó, fazendas de Minas, praias e conventos do Espírito Santo. É dos melhores documentadores da paisagem brasileira em estado natural ou historizado.

Canudos virou cachaça para ele. Vai lá e volta, sempre indagando coisas à gente humilde, que aos poderosos não dá pelota. É homem de ficar de cócoras, quentando fogo, assuntando. Daí a rica experiência humana que nos transmite poeticamente, pois, ao que vê, Funchal acrescenta o que sonha, e não raro bate papo com Gabriel Soares e Frei Vicente do Salvador, colhendo mesmo, em desenhos, o flagrante desses encontros com vetustos cavalheiros.

Pois agora Funchal Garcia me aparece com o livro *Do Litoral ao Sertão*, editado pela Biblioteca do Exército, em que conta por miúdo suas andanças em sertão baiano. Além da observação direta da paisagem, apanhou — como se gravasse em fita magnética — o depoimento dos remanescentes da campanha de Canudos. Convivendo com eles, pode afirmar a extrema bondade dessa gente, que uma falsa publicidade quis fazer passar como feroz e inadaptável à civilização. Civilizadíssimos é que eles são, quando por exemplo um deles vai à cata de uma carteira perdida entre juazeiros e a restitui a Funchal, recusando qualquer paga a não ser o níquel para beber "uma teimosa".

CAPA DA PRIMEIRA EDIÇÃO

de *Autorretrato e outras crônicas*, publicada pela Editora Record em 1989.

[Acervo da família Machado]

FOLHA DE ROSTO DA PRIMEIRA EDIÇÃO

de *Autorretrato e outras crônicas*, assinada por todos os membros da família Machado, incluindo o fundador da Editora Record, Alfredo Machado.

[Acervo da família Machado]

TEL. 252-4126

DISTRIBUIDORA RÉCORD
DE SERVIÇOS DE IMPRENSA S. A.

AV ERASMO BRAGA, 255-8°
CAIXA POSTAL 864

CABLE ADDRESS "RECORDIST"
RIO DE JANEIRO

9 de janeiro de 1973

Ilmo. Sr
Dr. Carlos Drummond de Andrade
Rua Conselheiro Lafayette 60 Apt. 701
Em mão

Prezado Dr. Drummond :

Os americanos estão descobrindo a poesia brasileira. É pelo menos o que demonstra o artigo publicado no Suplemento Literário do "New York Times" desta semana, de que tenho o prazer de enviar-lhe um exemplar. Nele está indicada como merece a sua posição destacada em nossa poesia moderna. Tudo isso a propósito do lançamento de uma antologia de poetas brasileiros do século XX, preparada e traduzida pela Elizabeth Bishop e um patrício nosso, Emanuel Brasil.

Com os cumprimentos de seu editor bissexto mas leitor assíduo

Alfredo C. Machado

ACM:ve
Anexo

NEW PHONE NUMBER:
580-3668
R. ARGENTINA, 171-CEP 20921
CAIXA POSTAL 864

DISTRIBUIDORA RÉCORD
DE SERVIÇOS DE IMPRENSA S. A.

TELEX: (21) 30501-800

CABLE ADDRESS "RECORDIST"
RIO DE JANEIRO

10 de março de 1983

Dr. Carlos Drummond de Andrade
Rua Conselheiro Lafayette 60/701
Em mão

Caro Dr. Drummond de Andrade:

Gostei muito do seu artigo de hoje, dos livros no Palácio. Acontece que a autoridade brasileira deve ter chegado à conclusão de que livro não dá ibope. Há algum tempo atrás, quando vivíamos os primeiros meses do governo Figueiredo, os técnicos em comunicação social de Brasília resolveram tornar mais popular e conhecida a figura do Presidente da República.

Como escrevi na época, foram convocados os maiores fazedores de imagem do Brasil e redatores, fotógrafos, locutores e cinegrafistas acorreram à capital. Poucos dias depois a nação inteira tomava conhecimento, através dos principais veículos de comunicação, de cada minuto das 24 horas da vida do Presidente.

Desde o momento em que Sua Excelência acordava às 6 horas da manhã, até o momento em que dormia, nunca depois de meia-noite, divulgaram-se em detalhe todas as atividades do Presidente. Hora e meia de equitação pela manhã, seguida de dez minutos de sauna, ginástica e 3.500 metros de "cooper" antes do almoço, televisão com a família, churrasco entre amigos nos fins de semana, de tudo ficamos sabendo.

Como se podia ver pela descrição oficial das 24 horas presidenciais, em nenhum momento aparecia o chefe do governo lendo ou ao menos sobraçando um livro. Detalhe certamente lucubrado pelos divulgadores do governo para garantir maior popularidade ao Presidente, pois não seria de crer que ele, homem sabidamente estudioso, irmão de intelectual, não tivesse os seus livros de cabeceira - possivelmente algumas das excelentes edições da Biblioteca do Exército.

Mas são coisas do Brasil. Na França, por exemplo, um candidato que pretenda eleger-se à Presidência da República não tem apenas que aparecer lendo livros - é até obrigado a escrevê-los.

Aproveito a oportunidade para mandar-lhe um número da revista NEW YORKER que acabo de receber e que publica um poema seu.

Um forte abraço do
Alfredo C. Machado

ACM:ds
Anexo

CARTAS DE ALFREDO MACHADO para Carlos Drummond de Andrade.

[Arquivo Carlos Drummond de Andrade. Fundação Casa de Rui Barbosa]

→ JOSÉ OLYMPIO

TEL 580-3668

DISTRIBUIDORA RÉCORD
DE SERVIÇOS DE IMPRENSA S.A.

TELEX: (21) 30501-BOOK

R. ARGENTINA, 171-CEP 20 921
CAIXA POSTAL 884

CABLE ADDRESS "RECORDIST"
RIO DE JANEIRO

3 de janeiro de 1984

Dr. Carlos Drummond de Andrade
Rua Conselheiro Lafayette 60 apt. 701
Em mão

Prezado Dr. Drummond:

Parabéns pelo seu artigo de hoje, e pela lucidez com que
aborda o lamentável desinteresse das autoridades governamentais
em assegurarem a sobrevivência de uma das maiores editoras
brasileiras.

Aproveitamos a oportunidade para mandar-lhe cópia da proposta
que apresentamos ao BNDES (então BNDE) emmaio de 1980, para
a privatização da José Olympio. Devemos acrescentar que nossa
sugestão jamais mereceu qualquer resposta do Banco.

Se, nos termos generosos em que colocamos o problema, não foi
possível sensibilizar o BNDES, logo verificamos que o Banco não
tinha interesse maior em preservar o patrimônio cultural da
José Olympio.

Aceite mais uma vez os nossos parabéns e um forte abraço do

Alfredo C. Machado

ACM:Ds
Anexo

25/9/84

ALFREDO C. MACHADO

Prezado Drummond —

Mais uma vez muito obri-
gado pela sua presença na
festa do Dia da Árvore, motivo
de grande alegria para todos
que trabalham nesta casa.
Na pressa de sua saída,

CD4.—CP—1021   — 7 —

esqueci-me de entregar-lhe a
pãzinha que preparamos para
os plantadores de árvores, afim
de que continuem a cuidar
da ecologia. Mando-lhe agora
a sua e a da Maria Julieta.
Aproveito para mandar-lhe
cópia do discurso que Jorge Amado
vai fazer em S. Paulo e que me
pediu que lhe encaminhasse.
Um forte abraço do Machado.

CARLOS DRUMMOND DE ANDRADE E JORGE AMADO participam da Festa do Dia da Árvore na Editora Record em 21 de setembro de 1984.

[Acervo da família Machado]

ARTE DE JIMMY SCOTT, chargista de *O Globo* na década de 1980, encomendada pela Editora Record para registro da lendária festa promovida por Alfredo Machado em 21 de setembro de 1984.

[Acervo da família Machado]

CARTÃO DE CARLOS DRUMMOND DE ANDRADE para Alfredo Machado.

[Acervo da família Machado]

CONTRATO DE EDIÇÃO

OUTORGANTE: CARLOS DRUMMOND DE ANDRADE, falecido, representado neste ato por seu herdeiro PEDRO AUGUSTO GRANA DRUMMOND, brasileiro, solteiro, portador da carteira de identidade no. 06441922/9 IFP, inscrito no CPF sob o no. 871.370.627-68, residente à Rua Barão da Torre, 445/704, daqui por diante denominado AUTOR.

OUTORGADA: DISTRIBUIDORA RECORD DE SERVIÇOS DE IMPRENSA S.A., firma estabelecida nesta cidade, à Rua Argentina 171, São Cristóvão, inscrita no CGC sob o no. 33.495.771/0001, daqui por diante abreviadamente denominada EDITORA e neste ato representada por ALFREDO DA CRUZ MACHADO JUNIOR.

I. DA AUTORIA

1. Pelo AUTOR é dito que é de sua exclusiva autoria a OBRA intitulada "AUTO-RETRATO e OUTRAS CRONICAS", da qual, neste ato, entrega à EDITORA um exemplar datilografado em duas vias, rubricadas de forma a produzir prova literária definitiva desta edição, ressalvado o disposto na cláusula 03 do presente contrato.

2. Que, assim como possui o direito e a ação à OBRA a que se reporta a cláusula primeira do presente contrato, na forma dos artigos 1.346 e seguintes do Código Civil, autoriza a EDITORA a publicar em língua portuguesa, no todo ou em parte, a OBRA objeto do presente contrato.

3. Nenhuma modificação no texto dos originais poderá ser introduzida sem a concordância do AUTOR, que se obriga, quando solicitado, a proceder gratuitamente à revisão dos mesmos. Fica, todavia, assegurado à EDITORA o direito de proceder às correções ortográficas e gramaticais de lapsos porventura existentes nos originais. Compromete-se porém o AUTOR a pagar o custo de qualquer alteração que venha a introduzir no livro depois de composto, salvo se obtiver para tanto a expressa concordância da EDITORA.

4. Se for necessário a autorização de terceiros para a publicação de

qualquer material na referida OBRA ou para o exercício de qualquer direito concedido neste contrato, o AUTOR obriga-se a obter essa autorização por sua conta e a seu custo, respondendo perante esses terceiros por qualquer violação de direitos.

5. O AUTOR se compromete a não contratar nenhuma outra edição sob a forma de livro da OBRA objeto do presente contrato, no todo ou em parte, enquanto este mesmo contrato não tiver sido rescindido e não se tenham esgotado todos os exemplares publicados pela EDITORA. Obriga-se ainda a não divulgar a OBRA ou parte dela em jornais, revistas, televisão, rádio ou qualquer outro meio sem prévia e expressa autorização da EDITORA.

6. O presente contrato é irrevogável e irretratável para os contratantes, seus herdeiros ou sucessores, os quais sob nenhum pretexto poderão contratar novas edições da OBRA objeto deste contrato antes que esta ou as posteriormente editadas pela EDITORA estejam esgotadas.

7. Salvo expressa denúncia de rescisão por parte do AUTOR, fica assegurado à EDITORA o direito de promover novas tiragens e as reedições da OBRA objeto do presente contrato, mantidos os direitos ora ajustados.

8. Fica estabelecido que as ilustrações que façam parte dos originais não poderão ser reproduzidas pelo AUTOR sem o consentimento expresso da EDITORA.

9. Obriga-se o AUTOR a proceder ao registro previsto no Art.17 da Lei no. 5.988 de 1973, de forma a garantir seus direitos e pôr a EDITORA a salvo de qualquer dúvida.

10. Em caso de qualquer ação judicial envolvendo a autoria do livro ou os conceitos emitidos na OBRA a que se reporta este contrato, o AUTOR obriga-se a assumir a autoria da ação judicial.

II. DAS ATRIBUIÇÕES DA EDITORA

11. A tiragem será fixada pela EDITORA no momento de autorizar a impressão.

12. Fica a EDITORA dispensada da numeração dos volumes editados. Para efeito do disposto no Art. 64 da Lei 5.988, a verificação da quantidade dos volumes publicados será feita através da nota fiscal da firma impressora.

13. Da edição a ser publicada serão fornecidos gratuitamente ao AUTOR 20 exemplares, e 10 (dez) exemplares de cada edição subseqüente.

14. A fixação do preço de capa e sua atualização ficam a critério da EDITORA.

III. DOS DIREITOS AUTORAIS

15. O AUTOR reterá para si, a título de direitos autorais, 10% sobre o preço de capa. Como adiantamento sobre esses direitos autorais, o AUTOR recebe neste ato a quantia de NCz# 300,00, referente a 500 exemplares.

16. O pagamento dos 10% correspondentes aos direitos autorais será feito até 60 (sessenta) dias depois da apresentação dos relatórios de venda ao AUTOR, o que deverá ocorrer em 30 de março, 30 de junho, 30 de setembro e 31 de dezembro de cada ano.

17. Os direitos autorais só incidirão sobre os exemplares vendidos. Os exemplares utilizados em promoção, os entregues ao AUTOR e os que vierem a ser inutilizados serão isentos do pagamento de direitos autorais.

18. No caso de vendas a entidades do governo, religiosas, industriais ou comerciais em que o preço ajustado for especial, caberá ao AUTOR receber o percentual fixado na cláusula 15 sobre esse preço especial.

19. Os volumes não vendidos dentro de 2 (dois) anos a contar da apresentação do primeiro relatório de venda poderão ser considerados encalhe e oferecidos ao AUTOR para compra a preço reduzido. Caso o AUTOR não deseje adquiri-los, poderão ser negociados a qualquer preço e até, depois de inutilizados, vendidos como papel velho.

IV. DOS DIREITOS SUBSIDIARIOS

20. O AUTOR autoriza a EDITORA a negociar os direitos autorais da sua OBRA em outros idiomas e em qualquer meio de comunicação que não seja o livro, desde que lhe seja dado conhecimento prévio, em cada caso, das condições tratadas e estas obtenham a sua concordância. Resguarda-se todavia o direito de negociar a adaptação da OBRA para outros meios ou os direitos de sua publicação no exterior sem a intermediação da EDITORA, desde que para tanto obtenha a concordância desta.

21. Na qualidade de agente do AUTOR, poderá a EDITORA, sendo ele previamente consultado e estando de acordo, discutir preços e condições, assinar contratos de edição, receber e dar quitação do produto das transações realizadas.

22. No caso de responder pelo agenciamento da OBRA para publicação sob a forma de livro no exterior, a EDITORA reterá para si 20% da receita auferida, conforme documentos comprobatórios que apresentará ao AUTOR, cabendo a este os restantes 80%.

23. No caso de agenciamento por meio da EDITORA da OBRA em meios de comunicação que não o livro (adaptação e representação teatral,

reprodução em disco, fita magnética e microfilme, adaptação radiofônica, cinematográfica ou para televisão, bem como qualquer outro meio não especificado no presente contrato), receberá o AUTOR 80% dos direitos autorais que forem devidos pela transação.

24. Em se tratando de divulgação e comercialização por intermédio de clube de livro ou coleções vendidas em bancas de jornais, em língua portuguesa, receberá o AUTOR 50% do que for apurado na referida transação. Correrão por conta da EDITORA todas as despesas de agenciamento.

Fica eleito, de comum acordo, o foro do Rio de Janeiro para dirimir qualquer dúvida relativa à execução do presente contrato.

E por estarmos assim justos e contratados assinamos o presente em 2 (duas) vias de igual teor e forma, na presença das duas testemunhas abaixo assinadas, para os devidos fins de direito, obrigando-nos a fazer o presente sempre bom, firme e valioso por todo o sempre, por nós, nossos herdeiros ou sucessores.

Rio de Janeiro, 30 de março de 1989.

AUTOR:

EDITORA:

CONTRATO DA PRIMEIRA EDIÇÃO DO LIVRO

Autorretrato e outras crônicas.

[Arquivo da Editora Record]

Seleta CDA

CONTRATO DE EDIÇÃO

OUTORGANTES:

CARLOS DRUMMOND DE ANDRADE, brasileiro, casado, jornalista, portador da carteira de identidade nº803.412, emitida pelo I.F.P., inscrito no C.P.F. sob o nº 001.667.667-04, residente na rua Conselheiro Lafayette 60 apto 701, 22081 Rio de Janeiro - RJ.

GILBERTO MENDONÇA TELLES, brasileiro, escritor, portador da carteira de identidade nº 02.707.584-5 inscrito no C.F.F. sob o nº130.456.107-06, residente na rua Pompeu Loureiro, 36/802 22061 - Rio de Janeiro-RJ, daqui por diante denominados AUTORES.

OUTORGADA:

DISTRIBUIDORA RECORD DE SERVIÇOS DE IMPRENSA S.A., firma estabelecida nesta cidade, na rua Argentina 171, inscrita no C.G.C. sob o nº 33.495. 771/0001-56, daqui por diante abreviadamente denominada EDITORA e neste ato representada pelo seu Diretor-Presidente, ALFREDO DA CRUZ MACHADO.

01. Pelos autores é dito que é de sua exclusiva autoria a obra intitulada SELETA EM PROSA E VERSO, da qual, neste ato, entregam à EDITORA um exemplar datilografado, em duas vias rubricadas de forma a produzir prova literária definitiva desta edição ressalvado o disposto na cláusula 11 do presente contrato.

02. Que, assim como possuem o direito e ação à obra por eles escrita e a que se reporta a cláusula primeira do presente contrato, na forma dos arts. 1346 e seguintes do Código Civil, autorizam a EDITORA a publicar, em língua portuguesa, uma edição da mesma obra, nunca inferior a 1.000 (mil) exemplares; não contratar nenhuma outra edição da OBRA objeto do presente contrato, no todo ou em parte, enquanto o presente contrato não tiver sido rescindido e esgotados todos os exemplares das edições feitas pela EDITORA; não divulgar a obra ou parte dela em jornais, revistas, rádio ou qualquer outro meio, sem prévia e expressa autorização da EDITORA.

03. A tiragem será fixada pela EDITORA,no momento de autorizar a impressão.

04. Salvo expressa denúncia de rescisão por parte dos AUTORES, fica assegurado à EDITORA o direito de promover novas tiragens e as reedições da obra objeto do presente contrato, mantidos os direitos ora ajustados.

05. Fica a EDITORA dispensada da numeração dos volumes editados. Para efeito do art.64 da Lei 5.988 a verificação da quantidade dos volumes publicados será feita através da nota fiscal da firma impressora.

06. Os AUTORES reterão para si, a título de Direitos Autorais, 6% (seis por cento) do preço de capa para o autor Carlos Drummond de Andrade e 4% (quatro por cento) do preço de capa para o autor Gilberto Mendonça Telles.

07. A fixação do preço de capa e sua atualização fica a critério da Editora.

08. O Pagamento dos 10% (dez por cento), correspondentes aos direitos autorais, será feito dentro de 60 (sessenta) dias da vista dos relatórios de venda a serem apresentados ao Autor em 31 de março e 30 de setembro de cada ano.

09. Os Direitos Autorais só incidirão sobre os exemplares vendidos. Os exemplares utilizados em promoção, os entregues aos AUTORES e os que vierem a ser inutilizados, serão isentos do pagamento de Direitos Autorais.

10. No caso de vendas a entidades do governo, religiosas, industriais ou comerciais, em que o preço ajustado for especial, caberá aos autores receber o percentual fixado na presente cláusula sobre esse preço especial.

CONTRATO DE EDIÇÃO DO LIVRO HISTÓRIA DE DOIS AMORES, cujo título originalmente seria *Seleta em prosa e verso*.

[Arquivo da Editora Record]

11. Nenhuma modificação no texto dos originais poderá ser introduzida sem a concordância dos autores que se obrigam, quando solicitados, a proceder, gratuitamente, à revisão dos mesmos. Fica, todavia, assegurado à EDITORA o direito de proceder a correções ortográficas e gramaticais de lapsos porventura existentes nos originais.

12. Da edição a ser publicada serão fornecidos, gratuitamente, a cada AUTOR 10 (dez) exemplares.

13. Obrigam-se os Autores a proceder ao registro previsto no art. 17 da Lei 5.988 de 1973, de forma a garantir seus direitos **autorais** e por a EDITORA a salvo de qualquer dúvida.

14. Os volumes não vendidos dentro de 2 (dois) anos, contados da apresentação do primeiro relatório de vendas, poderão ser considerados como encalhe e depois de inutilizados, vendidos como papel velho.

15. O presente contrato é irrevogável e irretratável para os contratantes, seus herdeiros ou sucessores, os quais, sob nenhum pretexto, poderão contratar novas edições da obra objeto deste contrato antes que esta ou as posteriormente editadas pela EDITORA estejam esgotadas.

16. Em caso de qualquer ação judicial envolvendo a autoria do livro ou os conceitos emitidos na obra a que se reporta este contrato, os AUTORES obrigam-se a assumir a autoria da ação judicial.

17. Os AUTORES autorizam a EDITORA a negociar os direitos autorais da sua obra em outros idiomas e em qualquer meio de comunicação que não ' seja o livro, desde que lhe seja dado conhecimento prévio em cada caso, das respectivas condições, e elas obtenham sua concordância.

18. Em se tratndo de divulgação e comercialização por intermédio do Clube do livro ou entidade similar, em língua portuguesa, receberão os AUTORES 50% (cinquenta por cento) do que for apurado na referida transação.

Correrão por conta da EDITORA todas as despesas de agenciamento.

E por estarmos assim justos e contratados, assinamos o presente em três (3) vias de igual teor e forma, na presença das duas testemunhas abaixo assinadas, para os devidos fins de direito, obrigando-nos a fazer o presente sempre bom, firme e valioso por todo o sempre, por nós, nossos herdeiros ou sucessores.

Rio de Janeiro, 31 de julho de 1985

AUTORES

EDITORA

CONTRATO DE EDIÇÃO

OUTORGANTE: CARLOS DRUMMOND DE ANDRADE, brasileiro, casado, jornalista,

portador da carteira de identidade n⁰   inscrito no
CPF sob n⁰ 001.667.667-04   , residente na rua Conselheiro Lafayette
60, apt. 701, 22081 Rio de Janeiro, RJ   , daqui por diante abreviadamente denominado AUTOR

OUTORGADA: DISTRIBUIDORA RECORD DE SERVIÇOS DE IMPRENSA S/A, firma estabelecida nesta cidade, na Rua Argentina 171, S. Cristóvão, inscrita no CGC sob n⁰ 33.495.771/0001, daqui por diante abreviadamente denominada EDITORA e neste ato representada por

01. Pelo AUTOR é dito que é de sua exclusiva autoria a OBRA intitulada   "O Elefante"
da qual, neste ato, entrega à EDITORA um exemplar datilografado, em duas vias, rubricadas de forma a produzir prova literária definitiva desta edição, ressalvado o disposto na cláusula 11 do presente contrato.

02. Que, assim como possui o direito e ação à OBRA por ele escrita e a que se reporta a cláusula primeira do presente contrato, na forma dos artigos 1.346 e seguintes do Código Civil, autoriza a EDITORA a publicar, em língua portuguesa, uma edição da mesma OBRA, nunca inferior a 1.000 (mil) exemplares, e se obriga a pagar o custo de qualquer alteração que venha introduzir nas provas do livro; não contratar nenhuma outra edição da OBRA objeto do presente contrato, no todo ou em parte, enquanto o presente contrato não tiver sido rescindido e não se tenham esgotados todos os exemplares das edições feitas pela EDITORA; não divulgar a OBRA ou parte dela em jornais, revistas, televisão, rádio ou qualquer outro meio, sem prévia e expressa autorização da EDITORA.

03. A tiragem será fixada pela EDITORA, no momento de autorizar a impressão.

04. Salvo expressa denúncia de rescisão por parte do AUTOR, fica assegurado à EDITORA o direito de promover novas tiragens e as reedições da OBRA objeto do presente contrato, mantidos os direitos ora ajustados.

05. Fica a EDITORA dispensada da numeração dos volumes editados. Para efeito do Art. 64 da Lei 5.988, a verificação da quantidade dos volumes publicados será feita através da nota fiscal da firma impressora.

06. O AUTOR reterá para si, a título de direitos autorais, 5 % (cinco   por cento) do preço da capa. A título de adiantamento pelos direitos autorais, o AUTOR, neste ato, recebe a importância de Cr$ 150.000,00 (cento e cinquenta mil cruz.), de cuja quantia dá quitação.

07. A fixação do preço da capa e sua atualização ficam a critério da EDITORA.

08. O pagamento dos 5 %(cinco   por cento), correspondentes aos direitos autorais, será feito à vista dos relatórios de venda a serem apresentados ao AUTOR semestralmente.

09. Os direitos autorais só incidirão sobre os exemplares vendidos. Os exemplares utilizados em promoção, os entregues ao AUTOR e os que vierem a ser inutilizados, serão isentos do pagamento de direitos autorais.

10. No caso de vendas a entidades do governo, religiosas, industriais ou comerciais, em que o preço ajustado for especial, caberá ao AUTOR receber o percentual fixado na cláusula 06 sobre esse preço especial.

11. Nenhuma modificação no texto dos originais poderá ser introduzida sem a concordância do AUTOR, que se obriga, quando solicitado, a proceder, gratuitamente, à revisão dos mesmos. Fica, todavia, assegurado à EDITORA o direito de proceder a correções ortográficas e gramaticais de lapsos porventura existentes nos originais.

12. Da edição a ser publicada serão fornecidos, gratuitamente, ao AUTOR 10 (dez   ) exemplares.

13. Obriga-se o AUTOR a proceder ao registro previsto no Art. 17 da Lei n⁰ 5.988 de 1973, de forma a garantir seus direitos autorais e pôr a EDITORA a salvo de qualquer dúvida.

14. Os volumes não vendidos dentro de 2 (dois) anos, contados da apresentação do primeiro relatório de venda, poderão ser considerados como encalhe e, depois de inutilizados, vendidos como papel velho.

14a. Os direitos cobertos por este contrato limitam-se à utilização do poema "O Elefante" como um dos volumes de uma coleção infantil ilustrada.

15. O presente contrato é irrevogável e irretratável para os contratantes, seus herdeiros ou sucessores, os quais, sob nenhum pretexto, poderão contratar novas edições da OBRA objeto deste contrato antes que esta ou as posteriormente editadas pela EDITORA estejam esgotadas.

16. Em caso de qualquer ação judicial envolvendo a autoria do livro ou os conceitos emitidos na OBRA a que se reporta este contrato, o AUTOR obriga-se a assumir a autoria da ação judicial.

17. O AUTOR autoriza a EDITORA a negociar os direitos autorais da sua OBRA em outros idiomas e em qualquer meio de comunicação que não seja o livro, desde que lhe seja dado conhecimento prévio, em cada caso, das respectivas condições e estas obtenham sua concordância.

18. Pelo agenciamento da citada OBRA no exterior, para publicação sob forma de livro, a EDITORA pagará ao AUTOR, _____% (_____ por cento) da receita auferida, conforme documentos comprobatórios que lhe apresentará.

19. Para efeito da parte "in fine" da cláusula 17, compreendem-se como outros meios de comunicação que não o livro, a adaptação e apresentação teatral, à reprodução em disco, fitas magnéticas e microfilmes, a adaptação radiofônica, cinematográfica e para televisão, bem como, de modo geral, qualquer direito de reprodução, divulgação e comercialização que não esteja especificado no presente contrato.

20. Pelo agenciamento da referida OBRA por esses outros meios de comunicação, receberá o AUTOR _____% (_____ por cento) dos direitos autorais que forem devidos pela transação.

21. Na qualidade de agente do AUTOR, poderá a EDITORA, sendo ele previamente consultado e estando de acordo, dispor-se a pagos e condições, assinar contratos de edição, receber e dar quitação do produto das transações realizadas.

22. Em caso de divulgação e comercialização, por intermédio do clube do livro ou entidade similar, em Língua portuguesa, receberá o AUTOR _____% (_____ por cento) do que for apurado na referida transação. Correrão por conta da EDITORA todas as despesas de agenciamento.

23. Fica estabelecido que as ilustrações que façam parte dos originais não podem ser reproduzidas pelo AUTOR sem o consentimento expresso da EDITORA.

E por estarmos assim justos e contratados assinamos o presente em duas (2) vias de igual teor e forma, na presença das duas testemunhas abaixo assinadas, para os devidos fins de direito, obrigando-nos a fazer o presente sempre bom, firme e valioso por todo o sempre, por nós, nossos herdeiros ou sucessores.

Rio de Janeiro, 9 de dezembro de 1982

AUTOR: _Carlos Drummond de Andrade_

DISTRIBUIDORA RECORD
de Serviços de Imprensa S/A

EDITORA: _Alfredo C. Machado_

TESTEMUNHAS:

Eda Cruz D.S

_____

CONTRATO DE EDIÇÃO DO LIVRO O ELEFANTE

[Arquivo da Editora Record]

LICENÇA DE USO DE OBRA ARTÍSTICA QUE ENTRE
SI FAZEM DE UM LADO, COMO LICENCIANTES JO-
ÃO CANDIDO PORTINARI E CANDIDO   PORTINARI
SERVIÇOS INDÚSTRIA E COMÉRCIO LTDA, EMPRE-
SA COM SEDE NESTA CIDADE, NA RUA SÃO JOSÉ
Nº 40 - 10º ANDAR, INSCRITA NO CGC/MF SOB
O Nº 31.619.810/0001-45 E DE OUTRO,   COMO
LICENCIADA DISTRIBUIDORA RECORD DE SERVI-
ÇOS DE IMPRENSA S.A., EDITORA E DISTRIBUI-
DORA DE LIVROS, COM SEDE NESTA CIDADE, NA
RUA ARGENTINA Nº 171, SÃO CRISTÓVÃO, INS-
CRITA NO CGC/MF SOB O Nº 33.494.771/0001-56.

Considerando, que os LICENCIANTES são titulares da obra do pintor CANDIDO PORTINARI;

Considerando, que a LICENCIADA deseja usar como capa do volume
de crônicas **Auto Retrato e outras Crônicas**, de CARLOS DRUMMOND
DE ANDRADE, o retrato do poeta, de autoria de CANDIDO PORTINA-
RI, resolvem as partes o seguinte:

PRIMEIRA - OBJETO:

Licença para uso do retrato do poeta CARLOS DRUMMOND DE ANDRA-
DE de autoria do pintor CANDIDO PORTINARI na capa do volume de
crônicas **Auto Retrato e outras Crônicas**, de autoria do poeta,
volume este a ser editado pela DISTRIBUIDORA RECORD DE SERVI-
ÇOS DE IMPRENSA S.A.

SEGUNDA - DA EXCLUSIVIDADE:

A presente licença é concedida com o fim exclusivo de uso da o-
bra do pintor na capa do livro de crônicas, sendo expressamen-
te vedada qualquer outra utilização pela LICENCIADA do retrato
de autoria de CANDIDO PORTINARI.

.2.

TERCEIRA - DO PRAZO:

A presente licença é concedida gratuitamente pelo prazo de 02
(dois) anos a contar da data da primeira edição da obra, reno-
vável por períodos iguais e sucessivos, caso não haja manifes-
tação contrária de qualquer uma das partes.

Rio de Janeiro, 13 de abril de 1989

_____
LICENCIANTES

Clara Recht Diamant
_____
LICENCIADA

LICENÇA PARA USO DO RETRATO DE DRUMMOND, feito por Portinari, na primeira edição de *Autorretrato e outras crônicas*.
[Arquivo da Editora Record]

Evangelina, prisioneira entregue por Antônio Bentinho ao general Artur Oscar, rememora o êxtase com que ouvia o Conselheiro:

— Parecia inté que a gente estava em riba das nuve voano pro céu.

Grande figura, o Manuel Ceriáco (assim que pronuncia), de 88 anos, atlético. Acompanha Funchal em excursão à Serra do Cambaio e, vendo o pintor exausto, procura reanimá-lo:

— Mas quê qué isso, doutô professô: vancê inda tá jove, é ledo e curado, pra quê fazê lamento duma anda piquinina feito essa?

"Riscando lento" é como Ceriáco faz grandes caminhadas. Se depois de contar um caso ele acrescenta: "Deus me perdoe", é porque mentiu. Esquiva-se de narrar sua participação na luta dos matutos contra o Exército: não viu nada, estava fora do arraial, "Deus me perdoe". Mas sabe. E Funchal, pouco a pouco, extrai dele detalhes que completam ou humanizam a tragédia sabida.

Lalau, de 92 anos, até hoje adora o Conselheiro, homem "ispiciá de supriô". Sempre jovial, não costuma ter "nuve de trovoada no esprito". Respeita e louva a cobra cascavel, que com seu chocalho avisa onde está, como quem diz: "Não bulam comigo." Quando Getúlio Vargas passou por lá, chamaram seu Lalau para conversar com ele, mas seu Lalau "nem arrois" (nem arroz), não quis reportar a crônica triste daqueles tempos.

Ceriáco, Lalau, a filha de Joaquim Macambira, e outros e outros — gente que salta do livro de Euclides, com a morte e a guerra na lembrança, velhinhos, de pau na mão, para conversar com Funchal Garcia, eis o interesse, o vivo e saboroso deste livro meio maluco de Funchal Garcia, onde há de tudo, devaneio e geografia, diálogos imaginários, folclore, visão direta das coisas, passado e presente cruéis se misturando. Canudos é dessas coisas de doer na consciência, mas Funchal soube tirar dele um retrato amoroso do nosso sertanejo, nosso irmão e nosso desconhecido.

Pulso, 9 de outubro de 1965

O símbolo

Este centenário de Olavo Bilac, tão mal comemorado como todos os centenários (com ritos oratórios inúteis), não sei o que significa para a gente moça, engajada em experiências vanguardistas, dentro de uma situação cultural infinitamente diversa da que caracterizou o começo do século. Para mim, pessoalmente, é um voo de cápsula fora da atmosfera, em busca de alunagem num ponto perdido da sensibilidade, tão remoto que não tenho esperança de alcançá-lo. O próprio Bilac pouco tem a ver com isso.

Sucede que um menino do interior, inquieto devorador de revistas, recolheu a imagem feita de um poeta. Melhor dito: do Poeta. Cada soneto da *Tarde*, saído na *Careta*, semanário que tinha o privilégio de sua colaboração, atravessava o país como um cometa fulgurante. Em redor do garoto, adultos recitavam em voz alta o soneto XIII da *Via Láctea* e, em tom mais discreto, o XVII; com entusiasmo clangoroso, largos trechos de *O caçador de esmeraldas* subiam aos céus do Brasil. Não havia ainda institutos de pesquisa de opinião, mas um inquérito entre literatos de renome sagrou Príncipe a esse poeta. O Príncipe, desdenhoso e distante ("desdém pelo que encerra a minha palma..."), agradeceu-lhes num cartão de visita. Um dia o Príncipe foi a Belo Horizonte. Lá de sua cidadezinha, o menino não podia vê-lo e ouvi-lo, mas era fácil imaginá-lo, captar a irradiação de sua figura simbólica. Porque era um símbolo: era o Poeta, simplesmente, amado de amor impessoal pelas mulheres, admirado e invejado por outros poetas, que se curvavam à sua preeminência de poeta-de-amor alçado a poeta-da-pátria, mais do que pessoa, figura mítica, abstração ("pátria, latejo em ti..."). Não havia alternativa: a aceitação geral se impunha. Aceitei-lhe a imagem, como as de Ruy e Rio Branco: o Brasil escolhera por mim.

Depois... veio a mocidade, e com ela o modernismo. Uma estética atualizadora, universalista sem perder o caráter nacional, botou a literatura a andar. Verificou-se que tudo estivera parado nos últimos anos, e que o vácuo se instalara nas letras e nas artes, no início da década de 20. Bilac foi esquecido, sem ter sido realmente negado. Não é exato que o modernismo pensasse em destruí-lo. Cuidou, sim, de propor novos caminhos. A análise que Mário de Andrade, em 1921, fez de sua poesia é mordente mas trai a impossibilidade de recusar Bilac; se o acusa, é de "excessiva perfeição", e chega a vislumbrar nele um precursor, por instantes, da estética libertária dos modernistas. A crítica de Bandeira, com apontar-lhe fraquezas, não lhe escamoteia as qualidades. E quem melhor do que os dois poderia falar em nome das novas tendências?

Com a virada, desapareceu o mito do poeta como entidade mágica. A popularidade de Olegário Mariano não atingiria aquele grave sentido coletivizante da poesia de Bilac. A de Vinicius, hoje, levando a poesia a camadas que ela não pensara em atingir, tem outro sentido, corresponde a novo estado de consciência. A dos modernistas mais divulgados é destituída de conotação mágica, bem terra a terra, sujeita a crítica. A de Bilac ficou no passado, perfeita, no contexto de sua época. Ninguém brilhou tanto e encarnou, como ele, a vaga sublimidade do mito.

Antes de compreendê-lo e de sentir o fascínio de alguns de seus versos, já era o meu poeta, e eu não saberia desadmirá-lo depois de muito girar por diferentes maneiras de entender a poesia. Mas o encontro do menino que viu esse primeiro clarão e por ele se deixou iluminar, como alcançá-lo, onde, onde?

Correio da Manhã, 17 de dezembro de 1965

Grande noite

Há espetáculos (falo de teatro mesmo, não de passatempo digestivo, nem de declamação política) a que a gente vai com medo de não gostar. E há outros a que se vai com a admiração garantida. O cronista foi ao teatro da Maison de France com sua carga admiratória preparada para distribuição entre o texto de Edward Albee, a direção de Maurice Vaneau e a interpretação de Cacilda Becker e Valmor Chagas.

Quem Tem Medo de Virginia Woolf? correu mundo — trinta capitais, diz o programa — e deu por aí afora uma sacudidela violenta nos espectadores e na crítica. Chega ao Rio depois de testar em São Paulo a plateia brasileira, que se mostrou atualizada para enfrentá-la, vivendo emocional e intelectualmente o espetáculo. A crítica paulista já nos alertara sobre a importância, melhor diria, a gravidade do acontecimento. Diante disso, o negócio era ir, sentar e participar, sem pretensões a manter vigilante o diabinho crítico-destruidor que policia nosso derrame de entusiasmo.

Foi o que fiz com a disposição de quem entra sabendo que sucederão grandes coisas e se preveniu para o que der e vier. Pois, mesmo assim, tive de admirar mais do que o programado, participar além da conta prevista. É um espetáculo fascinante. Qualquer coisa como o voo num céu tenebroso, que se ilumina vagamente para nos deixar perceber o vago contorno de um objeto perdido no tempo e no espaço — objeto irreconhecível, miserável, que entretanto emite uma pulsação de vida e esperança. Voamos vertiginosamente no meio de trevas povoadas de ruídos ameaçadores, risos desesperados, maldições e humilhações impostas e desejadas, sonhos de mocidade que viraram esterço e se prolongam em mentira, numa terrível combinação de ódio amoroso, união infernal entre seres que se repelem para, absurdamente, melhor se colarem um ao outro e, devorando-se, atingirem à comunhão no nada.

Cacilda e Valmor travam essa luta sem quartel, com a ferocidade de lobos que se divertissem em ser ferozes, utilizando o refinamento que a civilização deu à mente humana para o exercício da crueldade e também da autopunição. Fazem isso com aquela perfeição que só o grande artista, no cume de uma grande carreira, consegue de si mesmo. Sou velho espectador desses dois, sempre que São Paulo nos cede a vez de aplaudi-los, e ainda assim espantou-me o que conseguiram tirar de sua arte amadurecida. É fantástico — e esta pobre palavra não diz nada pelo desgaste.

Poderiam, pelo excesso de virtuosismo na representação, abafar a presença do outro casal, formado por Lilian Lemmertz e Fulvio Stefanini. Tal não acontece. Vaneau armou sabiamente o jogo de luz e sombra, e o talento dos dois jovens suportou com dignidade o choque com a energia suprema das criações de Valmor e Cacilda. Mas aqui não estou julgando o espetáculo, que nem aprendiz de aprendiz de crítico aspiro a ser: sou uma reação da poltrona número tantas, da fila tal. Apenas confesso que saí da Maison de France esmagado e feliz, com a minha visão do ser humano aprofundada, e com a consciência de ter vivido uma noite admirável do teatro brasileiro, projetado em dimensão universal. Já não precisamos ter medo de Virginia Woolf.

Correio da Manhã, 9 de janeiro de 1966

Os dias escuros

Amanheceu um dia sem luz — mais um — e há um grande silêncio na rua. Chego à janela e não vejo as figuras habituais dos primeiros trabalhadores. A cidade, ensopada de chuva, parece que desistiu de viver. Só a chuva mantém constante seu movimento entre monótono e nervoso. É hora de escrever, e não sinto a menor vontade de fazê-lo. Não que falte assunto. O Assunto aí está, molhando, ensopando os morros, as casas, as pistas, as pessoas, a alma de todos nós. Barracos que se desmancham como armações de baralho e, por baixo de seus restos, mortos, mortos, mortos. Sobreviventes mariscando na lama, à pesquisa de mortos e de pobres objetos amassados. Depósito de gente no chão das escolas, e toda essa gente precisando de colchão, roupa de corpo, comida, medicamento. O calhau solto que fez parar a adutora. Ruas que deixam de ser ruas, porque não dão mais passagem. Carros submersos, aviões e ônibus interestaduais paralisados, corrida a mercearias e supermercados como em dia de revolução. O desabamento que acaba de acontecer e os desabamentos programados para daqui a poucos instantes.

Este, o Rio que tenho diante dos olhos, e, se não saio à rua, nem por isso a imagem é menos ostensiva, pois a televisão traz para dentro de casa a variada pungência de seus horrores.

Sim, é admirável o esforço de todo mundo para enfrentar a calamidade e socorrer as vítimas, esforço que chega a ser perturbador pelo excesso de devotamento desprovido de técnica. Mas se não fosse essa mobilização espontânea do povo, determinada pelo sentimento humano, à revelia do governo e excitando-o à ação, que seria desta cidade, tão rica de galas e bens supérfluos, e tão miserável em sua infraestrutura de submoradia, de subalimentação e de condições primitivas de trabalho? Mobilização que de certo modo supre o eterno despreparo, a clássica desarrumação das agências oficiais, fazendo surgir de improviso, entre a dor, o espanto e a surpresa, uma corrente de afeto solidário, participante, que procura abarcar todos os flagelados.

Chuva e remorso juntam-se nestas horas de pesadelo, a chuva matando e destruindo por um lado, e, por outro,

144

denunciando velhos erros sociais e omissões urbanísticas; e remorso, por que escondê-lo? Pois deve existir um sentimento geral de culpa diante de cidade tão desprotegida de armadura assistencial, tão vazia de meios de defesa da existência humana, que temos o dever de implantar e entretanto não implantamos, enquanto a chuva cai e o bueiro entope e o rio enche e o barraco desaba e a morte se instala, abatendo-se de preferência sobre a mão de obra que dorme nos morros sob a ameaça contínua da natureza; a mão de obra de hoje, esses trabalhadores entregues a si mesmos, e suas crianças que nem tiveram tempo de crescer para cumprimento de um destino anônimo.

No dia escuro, de más notícias esvoaçando, com a esperança de milhões de seres posta num raio de sol que teima em não romper, não há alegria para a crônica, nem lhe resta outro sentido senão o triste registro da fragilidade imensa da rica, poderosa e martirizada cidade do Rio de Janeiro.

Correio da Manhã, 14 de janeiro de 1966

Uma folha

Na manhã de sol saí para o enterro de Hélcio Martins, e pelas ruas fui encontrando crianças e adolescentes munidos de pranchas de surfe que iam para o banho de mar. Divaguei um instante sobre o que é que se tornaria a vida daqueles banhistas. Entre eles haveria talvez um novo Hélcio Martins, inquieto, amoroso da vida, e chamado a deixá-la cedo. Estudaria muito, revelaria grandes dotes, atrairia a atenção como professor universitário aos 21 anos, começaria a escrever ensaios excelentes de avaliação literária, teria seu mérito verificado e reconhecido no estrangeiro — e de repente, antes da realização plena, antes de gravar bem a sua imagem no mundo, uma dessas enfermidades que os laboratórios ainda não dominaram acaba com tudo. Por quê? Para quê? A falta de sentido dessas criações e destruições da natureza, desses projetos requintados que parecem concebidos somente para serem jogados fora, mais uma vez expunha sua evidência cruel, senão estúpida.

Na capela de Real Grandeza, dir-se-ia que uma pequena congregação de Faculdade de Letras se reunira para despedir-se de Hélcio Martins. Seus antigos professores comentavam, baixinho, o aluno excepcional que ele fora, e o colega notável que se tornara. Um deles confidenciava que era como se tivesse perdido um filho. Na área ensolarada do São João Batista, voltei a pensar nos meninos do surfe, que àquela hora brincavam de enfrentar a onda sob um frágil escudo plástico: por quê? Para quê? Se as leis do jogo se resumem na ausência de lei, num capricho irônico ou indiferente, num acaso?

Eis me acudiram uns versos de Pedro Salinas, comentados pelo próprio Hélcio, no *Caderno de Cultura* em que estuda o poeta espanhol e sua "intensidade em viver a vida como ela se dá, inteira":

> *En infinitos árboles*
> *del mundo, cada hoja*
> *vence el follaje anónimo,*
> *por un imperceptible*
> *modo de no ser otra.*

A folha que é diferente de qualquer outra, sob a aparente uniformidade geral das folhas: talvez seja a única razão de existir, essa identidade inconfundível, embora imperceptível, revelada pelo poeta. Isso torna irrelevante a injustiça da queda de uma folha muito antes das outras na mesma árvore: não há relação justa ou injusta, e o essencial é cada um ser-se a si mesmo, com o máximo de concentração e intensidade, numa faixa de tempo que tanto pode ser longa como breve, não importa. E creio, pelo que sei dele sem o ter frequentado, mas através de vários testemunhos e do que ressalta de sua identificação com os valores que elegeu para objeto de trabalho e devoção, que Hélcio Martins soube ser essa folha diversa das demais, pendente do ramo inseguro, mas consciente de seu modo de não ser outra, e de não sê-lo duas vezes, como indivíduo e como apaixonado das artes da palavra. Para defini-lo, bastaria dizer: um moço para quem a poesia existe.

Correio da Manhã, 13 de fevereiro de 1966

Vida e memória

Chegou para os de minha geração o tempo de escrever memórias. Alguns já as publicam. Outros preparam na sombra os originais. Dir-se-ia que a natureza lhes soprou em surdina essa obrigação, pois todos, uns com espírito mais resoluto, outros menos afoitos, se entregam sem amargura a esse inventário de cacos: seja na conversa, em artigo, em entrevista ou sob a forma clássica de livro. Há dez anos, quem lhes insinuasse que já era tempo de recapitular seria repelido com zombaria: a vida continuava em funcionamento, fabricando sensações novas; era época de dissipar, não de recolher. Alguma coisa se passou, portanto, no intervalo, e essa coisa foi a aquisição da consciência de um limite, com sua resignada, para não dizer amena, aceitação.

Contudo, uma ponderação nos ocorre: são válidas essas memórias de escritor? Ninguém melhor do que ele para compô-las, no que toca à manipulação artística. Mas que secretas experiências terá podido reter para esse balanço crepuscular? O escritor deu-se (ou devia ter-se dado) todo no que viu, viveu, imaginou e escreveu. Sua vida passou pela sua obra. O que resta alimentará ainda um livro? E não seria melhor que esse livro fosse escrito antes por uma testemunha ingênua e veraz, ou por um grupo de testemunhas desse feitio, que restituísse, tanto quanto possível, o ente comum imbricado na pessoa mítica do escritor?

Não figuro a história íntima de Alonso Quijano contada por Sancho; a diversa iluminação interior de ambos não anula o fato de que nenhum dos dois era escritor, e que ambos eram simples perante a sofisticação inerente às letras e aos letrados. Mas gostaria de ler Cervantes contado por Sancho. Dirão que o criado de quarto desde muito é personagem ativo da história literária, e são conhecidas as suas indiscrições. Este é, porém, um aspecto do passado. Não há mais criados de quarto. A testemunha próxima do autor, e terrível, porque lhe frustra a intimidade no afã de surpreendê-la, chama-se repórter.

É o repórter, precisamente, quem impede ao escritor dobrar-se sobre si mesmo e fisgar o matiz íntimo de ideia ou sentimento ainda não comunicados ao público através de seus livros. O repórter (que é hoje um olho fotográfico) narra antes do memorialista, e o torna inútil, por atrasado.

Sabemos hoje de cada literato o que ele come e o que ele bebe, e onde costuma fazê-lo, principalmente à noite; o clube a que se consagrou (e se não há nenhum, o escritor o inventa para não se confessar fora da época), o número de seus sapatos e de suas camisas, bem como as cores destas; se é supersticioso, se ajuda a mulher em casa, se fila cigarros ou os compra, se tem medo de morrer, se ronca, se coleciona cinzeiros, cachimbos, caixas de fósforos, figurinhas de plástico, faquinhas do Nordeste, bonecos de barro. O escritor deixa-se fotografar de pijama, brincando com os netos ou soltando pandorga na praia, mesmo que nunca antes tenha pegado numa pandorga. Falta conhecer, dele, por inquirição ou demonstração espontânea, os miúdos aspectos do comportamento sexual, mas não haja dúvida: as reportagens não tardarão em registrá-los com a possível objetividade. Não será preciso aguardar a morte do literato para vasculhar os fichários de clínicos e especialistas, abolido por inútil o sigilo profissional. O próprio escritor procurará o repórter para informar-lhe como se livra de suas dores de cotovelo, e a poetisa narrará, perante as câmaras, seus últimos experimentos venusinos.

Correio da Manhã, 6 de maio de 1966

O poeta Quintana

Lago Burnett atribuiu-me a criação do neologismo "quintanares", alusivo aos poemas de Mário Quintana. Infelizmente não fui eu, foi Cecília Meireles que cunhou a palavra. Bem que eu gostaria não só de ter batizado como de ter escrito os quintanares de Quintana. Em literatura, a inveja é o mais nobre dos sentimentos.

Por outro lado, sei que não me seria possível escrevê-los. Só o Quintana tem a fórmula, direi melhor, a ausência de fórmula dessas cantigas: ora soneto, ora trova, ora verso livre, ora prosa enganadora, por fora; por dentro, o imponderável de um achado poético não procurado, porque foi ele, achado, que achou o achador. Não me faço entender? Não faz mal. Remeto o leitor à *Antologia Poética* de Mário

Quintana, que a Editora do Autor acaba de publicar, com o melhor de sua produção, tirado de cinco livros, além de 60 poemas inéditos.

Gaúcho de Alegrete, Quintana imagina-se a cavalo no campo, deixando que o poema, "esse estranho animal", encontre o rumo. "Ele não quer saber de querências, de nada, / E só descobre estranhos descaminhos..." Acaba topando com os Três Reis Magos, que perguntam ao poeta se viu a Estrela. Também lhe acontece topar com D. Quixote, o Espantalho Desconhecido, Jack, o Estripador, até Jesus Cristo com o Menino Jesus ao colo. Há encontros menores, nem por isso menos provocadores de poemas. Basta-lhe um guarda-chuva perdido, que vai formar anel em Saturno; ou um grilo, um ovo. Mitos, pessoas, coisas, situações vêm ao encontro de Mário Quintana com a naturalidade de velhos camaradas de diferentes meios que têm um amigo em comum. O poeta acolhe-os com a mesma cortesia afetuosa. Disto se faz a lírica de MQ: é uma tradução, para o simples, de muitos mistérios.

Poderia chamá-lo intérprete. Pois aqueles dos risos, o da velhinha e o da garota, nós bem os percebemos e distinguimos, sem saber defini-los. Temos de recorrer a Quintana: o riso da vovó "é um riso de cobre — surdo, velho, azinhavrado — um riso que sai custoso, aos vinténs", ao passo que a menina "lhe dá o troco em pratinhas novas". Há casos em que o poeta nos explica o objeto pelo objeto, em sua essencialidade:

> *Um lampião de esquina*
> *Só pode ser comparado a um lampião de esquina,*
> *De tal maneira ele é ele mesmo*
> *na sua ardente solidão!*

Também nos dá a chave de sublimes compensações gratuitas:

> *Não é preciso um verso... nem*
> *Uma oração...*
> *Basta que digas a palavra anêmona*
> *E tudo esquecerás, enredado na sua*
> *Fantasmagórica palpitação.*

A simplicidade de meios, a cantante sequência de versos que, mesmo se esquivando ao metro fixo, estão sempre banhados numa atmosfera de música surdinada, o poder de extrair de um incidente mínimo de vida a centelha de poesia que ilumina uma extensão ilimitada, eis alguns dos segredos de bolso de Mário Quintana. Porque o segredo grande, este não se revela. O segredo de ser o poeta que ele é, e não outro, sem embargo das influências que agiram em sua formação e das afinidades que o ligam a uma família de espíritos; a organização especial, o jeito quintanar e único, a arte de aprofundar sua experiência convertendo sua poesia num bem geral de tantos que nunca o viram e que entretanto o amam à fé destes versos. Pois esta é uma poesia que, "na sua ardente solidão", provoca imediata empatia, e se faz objeto de amor.

Correio da Manhã, 31 de julho de 1966

Teresa, pelo mundo

Ao receber o voluminho de poemas de R. A. D. Ford, *A Window on the North*, fiquei meio no ar. Vinha com dedicatória mas o nome, o retrato e a nota biográfica do autor, na sobrecapa, não me diziam nada. Tratava-se de um B. A. em História pela Universidade de Western, Ontário, M. A. também em História pela Universidade de Cornell. Diplomata, servira na Embaixada do Canadá no Rio de Janeiro, onde nunca o vi; e por duas vezes serviu em Moscou, onde nunca estive. Mas, de repente, as palavras Canadá e Moscou se enlaçaram na memória em torno do nome Teresa. Estava explicada a remessa do livro. E me veio particular saudade de Teresa, a moça brasileira que se casou com um diplomata canadense e viveu alguns anos na União Soviética.

Quem não conheceu Teresa, secretária pé de boi no Ministério da Educação e Saúde, deve queixar-se dessa falseta do destino. Teresa era o que se pode chamar rigorosamente de grande figura, ao mesmo tempo senhora e povo. Trabalhava com a velocidade dos jatos, que a essa época ainda não existiam, e devem ter sido inspirados em sua média de produção datilográfica. À medida que preparava o expediente, ia atirando as folhas ao chão; ao acabar, reunia tudo, e o serviço era limpinho e perfeito. Havia uns oito pares de sapatos, de salto alto ou baixo, em redor de Teresa, que ela ia trocando conforme fosse para trabalhar sentada ou ir à sala do ministro; quando não preferia andar descalça. Se isso acontecesse em sala aberta, podia assustar, em tempos de formalismo; porém Teresa trabalhava num cubículo onde apenas cabiam sua pessoa em flor, sua mesinha, seus papéis e seus sapatos, e a que ela chamava "minha boate". Seus amigos eram Manuel Bandeira, Oscar Niemeyer, o sanitarista Barros Barreto, o Higino servente, o bicheiro, a costureirinha pobre, o sujeito desgraçado a quem Teresa oferecia todo o dinheiro da carteira se ouvia dele uma história lacrimosa. Usava vestidos assinados. E dava duro no trabalho, porque o ministro Capanema, embora também boa-praça, era de morte em matéria de serviço, e para ele não tinha dia santo nem carnaval.

Um dia Teresa sumiu. Foi ser *technical assistant* numa coisa chamada Office of the Commercial Counselor of the

Brazilian Embassy, em Nova York. Passando por Trinidad, viu o carnaval com canções negras esplêndidas, mas — observou — sem mulheres. E escreveu pra gente: "Aliás, parece que ser mulher só é uma grande profissão na nossa terra." Palm Beach pareceu-lhe com "ar de Madureira no domingo". Não porque desprezasse Palm Beach; mas porque estava com saudade do Brasil. "Às vezes tenho vontade de importar todos os amigos." Quando o Brasil entrou na Segunda Guerra Mundial, em Nova York fizeram algum barulho comemorativo, e Teresa mandou dizer: "Me senti tão importante com o fato que o Empire State Building era pinto pra mim; me deu um daqueles acessos de ternura de tal maneira que eu tinha vontade de pegar num mapa e dar uns beijos estalados."

Grande Teresa! Alegria, despreocupação, coragem, embora se definisse a si mesma "tragédia russa temperada com música de Wagner e fita francesa". Nova York não a impressionou: "Tijolo amontoado não me dá dor de cabeça nem me faz cair o dente."

Um dia, numa das esquinas do mundo, não no Brasil, encontrou Robert Ford, entenderam-se, casaram. Dizem-me que Teresa é feliz, na medida humana em que isso é viável. Ainda agora, voltando de Bruxelas, Rodrigo M. F. de Andrade conta que lá a encontrou, na sina errante de embaixatriz. E é a própria Teresa que escreve dizendo da alegria com que teve notícias cariocas "fresquinhas como pão das cinco, quentinhas, braseiro precioso que nem vocês compreendem".

Até aqui falei apenas de Mrs. Ford, não toquei nos poemas do marido. Sou suspeito para falar deles. Há no livro duas versões inglesas de um meu homônimo, e uma delas é *Confidence of an Itabiran*. Não conto para me gabar, mas a verdade é que Ford andou pela minha cidade natal, e depois que voltou de lá é que sentiu *the full impact of the poem*. Suspeito ou não, devo assinalar a alta qualidade do poeta, que em *Luis Medias Pontual in Red Square*, ferindo um dos grandes temas dolorosos do nosso tempo — a desilusão política dos mais puros —, atinge bela e pungente expressão.

Bem que eu gostaria que o correio, um dia desses, me oferecesse nova surpresa: um livro escrito por Teresa Ford, livro de imagens instantâneas, visões do mundo e das almas, com seu jeito de ser, de conviver, de fazer amigos para sempre. Sei que ela escreveu duas novelas. Imagino o sentido festivo, sem-cerimônia, comunicante e visceralmente humano das histórias que Teresa conta. Vamos, publique, Teresa!

Mundo Ilustrado, 24 de setembro de 1966

O fino Heitor

Frequentemente os jornais traziam-me notícias de Heitor dos Prazeres, cantando aqui e ali com suas cabrochas ou brilhando em exposições internacionais de pintura, mas a presença dele, constante para mim, continuava na admirável Praça Onze sob o império do carnaval, que ele desenhara inspirando-se em um poema, e que num gesto generoso me oferecera há 20 anos. Uma de minhas satisfações estéticas é mirar o quadro de Heitor e fazer com que outros o mirem.

A Praça já não existia naquele tempo, mas Heitor recriou-a com a minuciosa nostalgia de quem ali nascera e emocionalmente nunca deixara de ali viver, jamais se desprendendo de sua atmosfera musical e poética. Lá estão a Escola Benjamin Constant, o chafariz, o bonde Alegria repleto, e, dominando a composição, o povo entregue a seus ritos de festa. Um ritmo circular, um intenso movimento giratório, mantém viva a ondulação das figuras, tudo rodopiando no prazer orgiástico, em meio ao qual um sujeito triste, sozinho como no deserto, planta sua melancolia chapliniana. Creio que em nenhuma outra produção Heitor foi tão ambicioso como nesse flagrante de massa tratado liricamente e com um objetivo determinado: ilustrar uma poesia alheia com os materiais de sua própria experiência, caso notável de transposição de vivências sem a menor quebra de autenticidade.

O que mais me impressionou neste artista nato e sem qualquer formação a não ser a do instinto foi a sua aristocracia também nata, que ia do modo de vestir ao comportamento social e ao acabamento artístico de suas obras. Não tinha nada do jeito desgarrado e inconsequente dos sambistas que projetam na música uma atitude boêmia diante da vida. Era a distinção em pessoa, na postura grave e comedida, no requinte e no sentimento de dignidade que emanava de sua negritude. Não divertia os brancos e os ricos como outros artistas que concordam em zombar de si mesmos porque isso é exigido pela técnica do sucesso. Heitor foi sempre impecável no trato mundano: desconhecia o pitoresco e não se oferecia como espetáculo. Era preciso merecer sua amizade para recebê-la.

Da dupla expressão do seu talento os críticos dirão melhor que um cronista sem responsabilidade, mas ainda aqui ele me impressionava por ser um desses portadores do dom que o exercitam por simples graça da natureza, e aos quais talvez até prejudicasse o aprendizado regular. Graça ou brincadeira, pois a tantos outros ela nega essa faísca e incita a uma pesquisa ansiosa e sem fruto. Chame-se primitivo ou ingênuo ao artista como Heitor dos Prazeres, o certo é que ele fala aos "civilizados" uma linguagem que muitos criadores eruditos não sabem manejar, e em sua ingenuidade há um fundo de malícia e finura que nos desconcerta. Conviria, para o bem da história das artes e progresso da psicologia, aprofundar a essência mágica desses temperamentos, que sabem o que não sabem, e tantas vezes nos surpreendem pela riqueza virginal dessa espécie de sabedoria.

Fino Heitor, o pierrô apaixonado, a mulher de malandro, as escolas de samba que ajudaste a fundar, o samba discreto, o samba noturno, as cirandas infantis do morro, tudo o que fizeste em som e cor aí está para lembrar teu nome e dizer que não passaste em vão.

Correio da Manhã, 5 de outubro de 1966

A banda

O jeito, no momento, é ver a banda passar, cantando coisas de amor. Pois de amor andamos todos precisados, em dose tal que nos alegre, nos reumanize, nos corrija, nos dê paciência e esperança, força, capacidade de entender, perdoar, ir para a frente. Amor que seja navio, casa, coisa cintilante, que nos vacine contra o feio, o errado, o triste, o mau, o absurdo e o mais que estamos vivendo ou presenciando.

A ordem, meus manos e desconhecidos meus, é abrir a janela, abrir não, escancará-la, é subir ao terraço como fez o velho que era fraco mas subiu assim mesmo, é correr à rua no rastro da meninada, e ver e ouvir a banda que passa. Viva a música, viva o sopro de amor que música e banda vêm trazendo, Chico Buarque de Holanda à frente, e que restaura em nós hipotecados palácios em ruínas, jardins pisoteados, cisternas secas, compensando-nos da confiança perdida nos homens e suas promessas, da perda de sonhos que o desamor puiu e lixou, e que são agora como o paletó roído de traça, a pele escarificada de onde fugiu a beleza, o pó no ar, na falta de ar.

A felicidade geral com que foi recebida a passagem dessa banda tão simples, tão brasileira e tão antiga na sua tradição lírica, que um rapaz de pouco mais de vinte anos botou na rua, alvoroçando novos e velhos, dá bem a ideia de como andávamos precisando de amor. Pois a banda não vem entoando marchas militares, dobrados de guerra, não convida a matar o inimigo, ela não tem inimigos, nem a festejar com uma pirâmide de camélias e discursos as conquistas da violência. Esta banda é de amor, prefere rasgar corações, na receita do sábio maestro Anacleto de Medeiros, fazendo penetrar neles o fogo que arde sem se ver, o contentamento descontente, a dor que desatina sem doer, abrindo a ferida que dói e não se sente, como explicou um velho e imortal especialista português nessas matérias cordiais.

Meu partido está tomado, não sou da Arena nem do MDB, sou desse partido congregacional e superior às classificações de emergência, que encontra na banda o remédio, a angra, o roteiro, a solução. Ele não obedece a cálculos da conveniência momentânea, não admite cassações nem acomodações para evitá-las, e principalmente não é um partido, mas o desejo, a vontade de compreender pelo amor, e de amar pela compreensão.

Se uma banda sozinha faz a cidade toda se enfeitar e provoca até o aparecimento da lua cheia no céu confuso e soturno, crivado de signos ameaçadores, é porque há uma beleza generosa e solidária na banda, há uma indicação clara para todos, os que têm responsabilidade de mandar e os que são mandados, os que estão contando dinheiro e os que não o têm para contar e muito menos para gastar, os espertos e os zangados, os vingadores e os ressentidos, os ambiciosos e todos, mas todos os etecéteras que eu poderia alinhar aqui se dispusesse da página inteira. Coisas de amor são finezas que se oferecem a qualquer um que saiba cultivá-las e distribuí-las, começando por querer que elas floresçam. E não se limitam ao jardinzinho particular de afetos que cobre a área de nossa vida particular, abrange terreno infinito, nas relações humanas, no país como entidade social carente de amor, no universo-mundo onde a voz do Papa soa como uma trompa longínqua, chamando o velho fraco, a mocinha feia, o homem sério, o faroleiro... todos que viram a banda passar, e por uns minutos se sentiram melhores. E se o que era doce acabou, depois que a banda passou, que venha outra banda, Chico, e que nunca uma banda como essa deixe de musicalizar a alma da gente.

Correio da Manhã, 14 de outubro de 1966

Marília bela

Muito já se escreveu sobre Marília, musa de Tomás Antônio Gonzaga, mas alguma coisa a seu respeito jazia ainda nos arquivos de Minas, à espera de pesquisador. Esse surgiu na figura de João Batista de Magalhães Gomes, que foi encontrar em Ouro Preto papéis inéditos, agora reunidos em volume editado pelo Serviço de Documentação do Ministério da Educação e Cultura.

O *Documentário sobre Marília de Dirceu* não pretende revelar achados sensacionais sobre a noiva do poeta-ouvidor, nem houve mesmo nada de sensacional na longa e monótona vida de Maria Dorotéia Joaquina de Seixas, broto encantador que se converteu em solteirona para morrer aos 86 anos. O essencial sobre Marília são as liras que ela inspirou a Gonzaga, e que resultaram na criação de um mito poético válido até hoje. Pois as graças sofisticadas dos árcades se desvaneceram no museu da literatura, Nises, Glauras e Anardas são hoje meros fantasmas de biblioteca, ao passo que Marília continua sendo uma presença, alguém que conhecemos e amamos através de nossos amores reais. A casa de Marília já não existe em Ouro Preto, mas todo mundo olha para o lugar onde ela existiu, e espera ver sair da terra a velha construção em troca da que lá plantaram em má hora. É a Namorada, a Noiva, a Representação ideal.

Isso dá interesse aos manuscritos desencavados por João Batista, que vão do assento de batismo de Marília na Matriz do Pilar até o inventário dos bens deixados por sua morte em 1853. Inventário que contrasta com o do seu tio e tutor marechal João Carlos. Neste avultam os trastes de ouro, prata e diamante, hábitos de Cristo e de Aviz, móveis de jacarandá com pés de cabra, a louçaria da Índia. No de Marília, com a declaração prévia de que "não ficou dinheiro algum", a prata não vai além da "pequena bacia em bom uso" e do cálice, patena e colherzinha da capela. Das doze cadeiras de jacarandá, herdadas trinta anos antes, uma desaparecera. Registram-se o "espelho grande muito usado", a "poltrona de encosto muito antiga", a "mesa de madeira branca muito usada", como são "muito usados" os ornamentos da capela, o tacho de cobre pequeno "e com remendo no fundo". Aí temos o quadro doméstico da estirada velhice de Maria Dorotéia, não de Marília, esta habitando sempre a moldura gonzaguiana, em que vemos o seu retrato: "O seu semblante é redondo, / sobrancelhas arqueadas, / negros e finos cabelos, / carnes de neve formadas."

Pesquisador seguro e minucioso, João Batista mostra-nos Maria Dorotéia e sua irmã Emerenciana requerendo emancipação, pois, a primeira com 38 e a segunda com 41 anos, já se consideram com "juízo e capacidade para se regerem e administrarem seus bens sem dependência de tutor ou curador" — triste reflexo da situação feminina em tempos idos. Aos 79 anos, a ex-musa reclama contra a municipalidade de Ouro Preto, que lhe quer cobrar uma cota pelo conserto do Chafariz da Ponte, de cuja água ela não se utiliza. O fiscal da Câmara dá-lhe razão, mas, por outro lado, opina que ela deve consertar o encanamento de sua casa, o que prometera fazer há dezoito anos passados, e não fez.

Estas são as últimas notícias de Maria Dorotéia, que nos manda João Batista em seu livro. As de Marília, como ficou dito, continuam sendo as que estão na poesia de seu namorado e noivo infiel. Mas que nem por ser infiel a tornou esquecida de nós. Pelo contrário, é através do ingrato Dirceu que sempre lembraremos Marília, eterna em sua graça menineira e mineira.

Correio da Manhã, 2 de dezembro de 1966

O brasileiro Proença

Era o general menos general que já conheci. Verdade seja que passou pelo Exército dando aula, e nesse sentido representou a flor da oficialidade. Professor, sim, foi cem por cento, estudando tanto quanto ensinando, sem atitude magisterial. E seu papo era a melhor aula, a mais comunicativa, quer se tratasse de um ponto de literatura ou linguagem, quer se referisse a um assunto circunstancial, trazido pelo vento. Esse homem sabia as coisas mais variadas, úteis e divertidas, as coisas que estão nos livros e ainda, em sua pureza de confidência, as que estão expostas na natureza, e nas quais quase não reparamos. Era, em suma, o homem que sabia o nome da planta, do bicho e da pedra. O brasileiro raro, que sabia principalmente o Brasil, no longe e no perto.

Conhecer M. Cavalcanti Proença, há quase vinte anos, foi para mim um acontecimento, que o tempo não esmaeceu. Ele pesquisava, então, as fontes do *Macunaíma*, de Mário de Andrade, e o livro à margem desse livro, que publicaria em 1955, fruto de generosa admiração, que vai ao fundo das coisas, seria de fazer a felicidade e a raiva de Mário, se este pudesse lê-lo na Ursa Maior, junto do "herói". Com desvendar-lhe os arcanos de documentação e composição, Cavalcanti Proença, ainda uma vez professor de coisas brasileiras, "descreveu" Macunaíma, explicitando e ensinando a todos o tocante sentido nacional dessa urdidura de lendas, motivos, traços psicológicos, tiques e mistérios de nossa alma coletiva.

E mal acabava de ruminar minha surpresa por obra dessa importância, Proença me sai com um pequenino e primoroso trabalho sobre *Ritmo e Poesia*, que introduz noções novas em nossa conceituação de métrica, abrindo a porta, discretamente, a outros estudiosos do gênero: "Era o que tinha a dizer e mais não." Em verdade, tinha mais a dizer e a fazer, por exemplo, no referente aos poetas populares do norte, de cujos versos o livrinho traz a primeira análise moderna. A antologia *Literatura Popular em Verso*, editada em 1964 pela Casa de Rui Barbosa, em seguida ao *Catálogo* da obra impressa dos trovadores, é um guia precioso para quem queira mergulhar no mundo de poesia, entre primitiva e maliciosa, de nossos poetas populares. Proença foi o estudioso que mais valorizou essa gente humilde e lhe garantiu foros de personalidade literária autêntica e característica de um modo de ser brasileiro.

O tempo passando, e Proença escrevendo, revelando, ensinando a nós todos o que há de fino e sutil nas obras alheias, o que há de Brasil e de universal em nosso esforço de criação. Ultimamente, era uma usina a pleno funcionamento, uma usina que produzisse com bom humor e senso de qualidade. Bom humor que se elevou a perfeito senso de humor, quando, por exemplo, descreveu em página memorável, para a revista *Senhor*, a experiência de um enfarte sofrido por ele mesmo. Quem assim enfrenta e observa a morte alcançou na vida um grau de sabedoria que é dado a poucos. E Proença era detentor dessa sabedoria que compreende a essencialidade dos fenômenos, e torna a vida tanto mais interessante quanto mais precária.

Morreu numa festa em casa de amigos, conversando. Decerto não gostaria de dar trabalho aos outros, mas também é grato esse findar a vida em boa companhia e boa prosa. Vai ser difícil é arranjar outro professor, outro escritor, outro brasileiro admirável como Proença de Mato Grosso, Proença da poesia, da ciência, do folclore e da funda raiz humana.

Correio da Manhã, 18 de dezembro de 1966

Mal de coqueiro

Vem do norte a estranha notícia: certa mocinha está crescendo de tal modo que já alcançou 2m25, e cada ano aumenta uns tantos centímetros. Aos dez anos era criança normal. Aí começa a espichar e a ganhar alcunhas, uma delas até poética: *Belisca Lua*. Acostuma-se com os apelidos e, por ser pobre, está vivendo de estatura, como espetáculo. Exibe-se em auditórios de rádio e é a atração máxima de Amparo, em Sergipe, onde a vida não deve oferecer muitas novidades à gente local e a forasteiros. Quem deseja observar um fenômeno da natureza, é ir à casa da Belisca Lua. A mocinha de 18 anos deixa-se mostrar, séria, simples, *nè trista nè lieta*, a tantos cruzeiros velhos por cabeça, e com a renda auferida mantém sua própria miséria e a miséria dos pais.

Mas crescer assim sem medida nem pausa não é privilégio que possa render dividendo pelo tempo afora. É doença, a que chamam de mal de coqueiro. O distúrbio glandular pode levar seu capricho a fazer de Belisca Lua uma torre humana de 3 metros, de 4, se antes disso a natureza, cansada de desequilíbrio, não exclamar: "Chega." E então Belisca Lua deitará toda a sua longitude por terra (onde aliás ela já deve dormir à noite, pois não há cama que a comporte) e um enorme caixão lhe será preparado e uma cova maior lhe será aberta, se houver recursos para o fabrico daquela obra de marcenaria, e se o coveiro local estiver disposto a trabalho triplo. Se não for possível conjugar essas facilidades, a prefeitura resolve, quanto mais não seja porque ela própria terá recebido sua cota de benefício pela apresentação turística desse caso de mal de coqueiro, que vem sendo para sua humilde portadora um bem de coqueiro.

Chegará breve esse dia, ou os homens bons do norte se animarão a conduzir Belisca Lua a uma clínica especializada que faça sustar o seu crescimento contínuo e de certo modo lhe assegure existência normal? Penso na eventualidade, e receio que Belisca Lua, reduzida, já não digo à estatura comum, mas a um ponto estacionário, sem mais atrativos para a curiosidade pública, perca, juntamente com sua excepcionalidade, seu meio de vida. Os míseros serviços manuais que se oferecem à sua opção (se é que se oferecem) jamais lhe dariam o proveito que recolhe do simples fato de medir dois metros e tanto de altura, e cada dia ser vistoriada para ver se cresceu mais uns centímetros.

Aos anões e aos gigantes é oferecida essa compensação, de terem na própria anormalidade um meio (honesto) de subsistência. Em regiões subdesenvolvidas, tal compensação torna-se mais estimável: é uma graça não distribuída aos homens e mulheres de tamanho regulamentar, que têm de suar a camisa de mil modos para viver ou meramente sobreviver. Por isso, não sei se lamento, não sei se cumprimento Belisca Lua, a moça sergipana que está crescendo sempre, como o custo de vida. Mas que, quanto mais cresce, melhor suporta as dores do crescimento deste último, dentro da mesquinha escala de sua própria vida. Pois a pobre vive é dessa modalidade de morte vertical que tem o nome de mal de coqueiro.

Correio da Manhã, 5 de março de 1967

A Maria Helena

Obrigado, Maria Helena Cardoso. Recebi há dias o exemplar de *Por onde andou meu coração*, com sua dedicatória generosa. Pensa que esperei o oferecimento para ler o livro? Pois sim. E já estava para agradecer o presente que você nos dera a todos, conhecidos e desconhecidos, leitores de Minas Gerais e de qualquer parte. Pois seu livro é um presente geral, é uma festa, Maria Helena.

Uma festa sem convidados especiais: todos são convidados, a mesa é farta, o dono (a dona) da casa deixa-nos à vontade, e em cada cômodo reconhecemos o nosso próprio cantinho doméstico; verificamos, com surpresa, que vivíamos ali há muito tempo, e somos, mais do que visitas, moradores. Você escreveu suas memórias, e são as nossas que vamos encontrar, os mais velhos; e os mais novos, sorrindo deliciados, sentirão que essas eram as memórias que eles gostariam de ter, e ficam tendo, por empatia.

Como foi que você conseguiu isso: fazer um livro que não está escrito, está vivido, abrindo suas pétalas como uma flor que a natureza plantasse, longe dos jardins cultivados? O ar que se respira nele é um ar do passado, sem mofo. Por milagre, os lugares, as pessoas, as situações voltam ou continuam a ser, em sua feição de cada época. Infância, mocidade e madureza, cada uma com seu matiz próprio, sua óptica, seu entendimento do mundo, concluído em lição de alegria, pouco importa se entretecida de sombra, ou banhada de resignação. Veja como você, contando apenas sua vida de criança e de mulher solteira, soube contar de Curvelo, da fazenda pobre, de Belo Horizonte, do Rio, do tempo brasileiro, até da guerra mundial, e nos ofereceu um minucioso, comovente e fiel retrato da família brasileira de fundo agrário, transplantada para o litoral. Nada de sociologismo no que escreveu, e contudo o seu livro revela mais e melhor condição da mulher brasileira nessa primeira metade do século do que vários compêndios especializados.

Mas não é valor de "documento" que me interessa principalmente em *Por onde andou meu coração*. É o coração andando, e suas andanças. É você, o exemplo humano em cujas retinas o espetáculo da terra se reflete com doçura sem perder a realidade intrínseca, dura ou amarga. É a menina de sete anos que ao chegar à Várzea da Palma logo percebe ali a marca de um lugarejo "completamente abandonado pela esperança". E a esperança é a palavra final do livro, coroando tantas perdas: uma esperança de reencontro com seres amados que se foram. "A vida é boa e linda. Olho o céu, a folhagem estalando de seiva nos vasos... Tudo vale a pena viver...", e o seu livro inteiro é a justificação deste juízo através de episódios que poderiam provar também o contrário. Não o provam porque, humanizados por uma infinita delicadeza de alma, e banhados na poesia que você tira das coisas menores e lhes restitui, tornando-as maiores, simplesmente por vê-las com limpeza de coração, a vida se torna realmente uma história que merece ser contada com amor.

Saí da leitura de suas memórias com o espírito lavado. Você me restituiu bens que não diria perdidos, mas extraviados. Bens de que há tanta falta e tanta precisão. Acredito que muita gente sentirá o mesmo: sensação de reencontro com o objeto familial. Ou revelação desse objeto em sua íntima pureza. Obrigado mais uma vez, Maria Helena Cardoso, por mim e por todos.

Correio da Manhã, 26 de abril de 1967

Carta de José

"Prezado cronista:

Permita que me apresente. Sou José, sem mais nada. Não tendo família, não tenho sobrenome. Aliás não tenho nada, salvo a particularidade de estar sempre ligado a uma pergunta que o amigo há de ter ouvido muitas vezes, e que também outras muitas terá feito ao próximo ou a si mesmo. Pergunta curiosa: ninguém pensa em respondê-la, ou porque não sabe ou porque não há mesmo resposta válida para ela. Uns chegam a supor que se trata de pergunta não interessada em ser respondida. Para outros, malgrado a característica formal, ela já é em si uma resposta. Que resposta? Uma pergunta. Morou? Não faz mal. Ela continua a ser feita. Se renuncia o presidente da República; se perdemos em Londres a crista de bicampeões mundiais de futebol; se aquele perde as calças na Bolsa ou fica sem a namorada; se chove demais; se o assado estorrica; se lhe dói o dente e o dentista está de férias; se, se, se, tudo no negativo, no frustrado, no agora-não-tem-jeito-não, a pergunta surge infalível:

— E agora, José?

Acabei sendo considerado símbolo de impasse, de epitáfio, de liquidação. Poetas glosaram minha impossibilidade vital, meu niilismo. Fui censurado como elemento corrosivo, personificação verbal do nada. Reconheço que minha história (ou estória) é o avesso da amenidade. Sem sobrenome, sem quindins em volta, sem bens patrimoniais e culturais, sem torrão natal, impossibilitado de beber, de fumar, até de cuspir (sim senhor, parece piada, até de cuspir), sou aparentemente um homem acabado, para não dizer uma inexistência. Também me acha assim? Diga, acha? Está encabulado de responder? Participa do consenso nacional a meu respeito? Pois olhe, consinta que eu não me veja tão acabado assim.

Procure discernir no meu despojamento total o que talvez se identifique como prenda nova: ausência de compromisso com propriedade material e/ou espiritual, libertação de fardo, leveza de movimentos para seguir em rumo qualquer. Repare que meu biógrafo oficial reconhece que nem sequer eu morro, que eu sou duro e marcho;

não sabe para onde; mas sabe que vou tocando. Não sou símbolo de desesperança; poderei sê-lo do esgotamento de esperanças muitas, que não invalidam a constante esperança implícita no ato de viver. Não estou reclamando, não protesto contra interpretações negativistas. Converso com o senhor como se conversasse comigo mesmo, sem intenção de discutir ou convencer; passando a limpo.

Passado a limpo me sinto hoje, por artes de José Olympio & manos, que me publicaram em voluminho faceiro, com um grande J alvo na capa vermelha, e me deram companhia. Passei a ser "José & Outros", vacina contra solidão. Entre os outros figuram Luísa Porto, a sempre desaparecida, Neco Andrade, o bruxo do Cosme Velho, Di Cavalcanti, Goeldi, Bandeira, Abgar Renault, Jorge de Lima, Facó, Santa Rosa, o Velho Cansado, moças, garotos, brotinhos, Paulo Rónai apresentando o livro em belo estudo que ensina a ouvir e a ler poesia, quem mais? Tantos, tantos. Diz o editor que são cinco livros reeditados num só. O autor, segundo me consta, é conhecido, senão íntimo do senhor. Pois então, leia de novo o poema que se refere a este seu criado, e diga se estou certo em responder eu mesmo — afinal — à pergunta que muita gente se faz: E agora, José? Agora, continuo. Atenciosamente, José."

Correio da Manhã, 14 de junho de 1967

V. Cy entre pássaros

Guardo a mais bela lembrança de Vivaldo Coaracy. Sentado à varanda de sua casa em Paquetá, na manhã de sol, ele assiste ao bailado das mariquitas. Sua filha Ada coloca água com açúcar nas garrafinhas onde os pássaros vêm beber. E o velho escritor, do alto de seus 84 anos combativos, sensitivos e limpos, se põe a meditar a lição das mariquitas. Elas vêm em bando, executam uma dança de alegria frenética, perfeita coreografia sem vacilações e atropelos, que o crítico mais exigente consideraria obra de arte. Lição que, aos olhos de Coaracy, demonstra o sentido estético e moral da vida, "tão boa, tão linda; por que teimam os homens em torná-la feia e ruim?".

A verdade é que nunca estive na chácara de Paquetá, e se gravei esta imagem foi porque, há menos de um mês, V. Cy, como se assinava em crônicas, publicou em jornal uma visualização deliciosa da cena. Dias depois, encontrando-o por acaso, agradeci-lhe o prazer de leitura que me dera. Entre milhares que escreveu, e tantas que merecem destaque, essa crônica das mariquitas pode ser considerada obra-prima no gênero. Recomendo-a aos antologistas, aos professores de português, pela lição de estilo e pela lição de vida.

A mariquita é contada em sua forma física, sua maneira de ser mariquita e de competir com o beija-flor, sua graça dançarina; e o homem, diante da mariquita, esquece mais de 60 anos de estudos, trabalhos, lutas cívicas, para se converter em humilde e encantado espectador de um passarinho de nada, portador de alta mensagem. Tudo dito com a mesma graça do voo da mariquita, sem ênfase, no natural da conversa literária que se diria conversa de sala de estar.

É hora de fazer o elogio do escritor público, técnico e erudito Vivaldo Coaracy, autor de livros numerosos, merecedores de citação, e por que motivo me restrinjo a um simples escrito jornalístico, sobre assunto que não bole com os problemas nacionais e históricos por ele versados ao longo de tantas décadas? Porque nesse escrito está todo o espírito de Vivaldo Coaracy, a sabedoria que conquistou e que procura transmitir-nos no que é também mensagem de uma vida cheia de pureza e dignidade.

Vejam as mariquitas e reformulem depois seus conceitos e juízos sobre a realidade, a vera realidade. A alegria dos clientes do "restaurante do passarinho", em Paquetá, é um tônico para a alma, sugerindo não o escapismo do prazer, mas a legitimidade de uma integração na natureza, que torne viver um ofício feliz, em lugar de guerra constante. Assim se define Coaracy como aquele homem de boa vontade, que só pelejou contra o erro político, a mediocridade oficial, os vícios da vida pública brasileira porque sentia a necessidade de um Brasil mais saudável e liricamente apto a estimar tanto a beleza das coisas e dos seres simples quanto a de uma justa organização humana. O contrário, pois, do temperamento belicoso, do falso herói, do ressentido ou do ambicioso.

O bom velhinho (bom e duro) entre ramagens, flores e aves, na chácara da ilha — leia-se também sua primorosa "Bucólica", no volume *Paquetá: Imagens de ontem e de hoje* — morreu em paz com a vida. E não deixa saudades apenas entre leitores e amigos. Ou por outra: apenas em determinada classe de amigos falantes. Pois hão de sentir--lhe a falta "sabiás, tiês, sanhaços, bem-te-vis, mariquitas, chanchões, saís-de-sete-cores, juritis, beija-flores, taparás, andorinhas-da-praia, corruíras, rolas, tico-ticos, pains, marias-pretas, coleiros e papa-capins", por ele citados como condôminos da propriedade, que o conheciam bem e iam visitá-lo como se visita o amigo do peito.

Correio da Manhã, 16 de junho de 1967

O inocente

O inocente foi preso e — é claro — confessou o crime. Quem não o confessa? Nesse entrementes, como diriam os bons autores, o culpado também foi preso, por outro delito que não cometera, e acabou, *sponte sua,* revelando o cometido.

Estava reabilitado o inocente? Não. A máquina de fazer justiça fora posta em movimento, e chegaria às operações finais. Quatro meses depois (até que não demorou), o inocente comparece a júri, que lhe verifica a inocência e o absolve: "Vai, inocente." Mas a justiça, que vigia num palácio, puxa-o pela manga: "Não vai não, inocente. Terás de responder agora pelo delito de autoacusação falsa. Naturalmente serás absolvido, pois a polícia te encheu de ameaças, e, mais que de ameaças, de gravuras pelo corpo, para que confessasses. De qualquer modo, fizeste mal em ceder. Por essa falsidade pagarás. O pagamento será novo processo e novo julgamento; e a quitação (se não surgir fato novo, o que só Deus sabe), a sentença absolutória final. Espera mais um tiquinho, meu filho, e sairás de viseira erguida."

Não inventei. Está nas folhas que A foi acusado da morte de B, praticada por C, e que este, incriminado de furto, se declarou assassino, pelo que o promotor pediu a absolvição de A e vai denunciá-lo outra vez, confiado em que seja absolvido outra vez. Também. (Deixo de publicar os nomes, porque letras, simples letras, identificam melhor criaturas submetidas ao poder da lei: perderam a individualidade, são peças de tabuleiro de dama.)

A notícia não diz o que acontecerá ao policial ou policiais que coagiram A à confissão. Serão naturalmente processados e alegarão que A mentiu ao queixar-se do "cristo redentor" ou do "fecha-baú", assim como mentira ao confessar o crime. A é mentiroso incurável, e a polícia, exposta à ferocidade, à astúcia ou à debilidade mental dos suspeitos, merece bem que seus enganos sejam perdoados. Pelo quê, também os policiais serão absolvidos.

Se me disserem que esta fábula social é indecente, peço permissão para discordar. Graças ao mecanismo, afinal de contas um crime foi apurado, a inocência aflorou à luz.

Para proclamá-la, é certo, houve que submetê-la a vexame prévio, mas não há outra maneira de testar a inocência senão confundindo-a com a culpa. A suposição de que milhões de pessoas pelo mundo, não acusadas de qualquer falta, sejam todas inocentes carece de base jurídica. São potencialmente suspeitas, e só a acusação em termos, de determinada falta, permite que as proclamemos inocentes. Preso, amassado, ofendido, julgado, então sim, o indivíduo vê resplandecer sua inocência, joia oculta. Em casos mais obscuros, precisa até ser condenado, pegar anos de cadeia; precisa mesmo ser "depurado", na boa tradição russa, para que se apure e realce, em cima da cova, sua inverossímil, refolhada inocência.

Portanto, A não tem de que se queixar. Deram-lhe chance, no jogo em que a brutalidade policial é uma das regras sob qualquer regime. Se capitulou, assumindo a autoria de crime alheio, podia não capitular, segundo a lição de filósofos idealistas e materialistas, para os quais o homem é livre de fazer o que bem entenda. Se todos os inocentes se confessam culpados, a culpa não é do jogo, mas dos jogadores. Cometendo falta contra sua própria personalidade, de que devia ser guardião zeloso, A mostrou que no fundo não era tão inocente assim. Coube ao verdadeiro criminoso salvá-lo de si mesmo, restabelecendo a verdade. Assim se compensam impulsos contraditórios, distribuindo-se justiça.

Mas a autoria do homicídio foi estabelecida por acaso, dir-se-á. Engano. O homicida foi preso por furto, dentro da técnica policial mais rigorosa. Ia-se testar-lhe a inocência; provou-a, confessando falta de outra natureza, que já não interessava, pois o inocente assumira o seu peso. Sistema perfeito.

Correio da Manhã, 26 de julho de 1967

A dura sentença

Embora sem conhecer os termos da sentença do juiz de S. Paulo, parece-me um tanto puxada a condenação do jovem Arnaldo a 2 anos e 8 meses de reclusão por haver beijado um broto. Nem o broto exigiria tamanho castigo. Concedo que o rapaz merecesse corretivo, pois o beijo (mais de um, em ritmo acelerado) não foi precedido de consentimento expresso ou tácito, sempre recomendável em operações dessa natureza. Arnaldo moveu-se por seu exclusivo apetite, sem consultar o da outra parte, e foi repelido. Para naturezas delicadas, é a maior punição. Arnaldo não será um delicado, carece de advertência legal para coibir a afoiteza. Mas quase 3 anos de sol-quadrado por um beijo, simples ou continuado, eis segundo erro, menos compreensível que o primeiro.

Ao decidir casos de beijo furtado e similares, deve o magistrado atentar nas circunstâncias próprias de cada um, e não aplicar a todos o metro indiscriminado, gerador de iniquidades. Na fisionomia de uma e outra parte encontrará talvez a profunda razão do ato, que, se não o torna inocente, pelo menos o explica. Nem todas as manifestações são libidinosas ou faunescas; umas trazem o selo do arrebatamento estético, identificável ao que o homem tem de mais alto. A lei e a prudência ensinam a sofrear tais impulsos admirativos, quando se trata de obras de arte vivas, mas há ocasiões em que o terrível impacto da beleza faz esquecer conveniências, códigos, família, pátria, sociedade e tudo mais, e leva a exprimir o êxtase de maneira informal. A mulher objeto da homenagem devia sentir-se orgulhosa, mas o que sucede frequentemente é chamar o vigilante ou dar com a bolsa na cara do esteta.

O romancista Osvaldo Alves (que por sinal voltou ao Rio e está nos devendo um novo livro) tem o conto de um cidadão no ônibus, tão vidrado pela estupenda cabeleira de uma desconhecida que se levanta e vai afagá-la num ato de adoração. A moça estava acompanhada, o cidadão percebera isso porém não se importou com as consequências: o gesto valia bem umas bolachas, que de resto não foram aplicadas, seja porque a intenção de Osvaldo (perdão: do personagem) desarmasse os acompanhantes da senhorita, seja porque a capacidade física do personagem (senão do próprio Osvaldo) desaconselhasse reação.

Episódio bastante lírico e abonador para o rapaz do conto, mas não sei quantos anos de cadeia o juiz daria a Osvaldo, fora do conto.

Claro que expansões estéticas dessa ordem ficam sujeitas ao azar das interpretações; seus autores podem ser confundidos com tarados ou engraçadinhos. Conheci um tipo que se gabava de dirigir sempre uma palavrinha doce a toda mulher que encontrasse no caminho. Tinha na roupa e no rosto sinais de amarrotamento, mas estava satisfeito com o método.

— E qual a média de resultados favoráveis? — perguntei-lhe.

— Oh, muito boa: um e meio por cento.

Meio por cento — explicou — eram casos de aparente receptividade, seguidos de repulsa ao tornar-se manifesta a ausência de sentimentalismo da iniciativa. "Mulher é tão romântico!", concluiu.

Seja como for, sentença tão crua fará com que Arnaldo nunca mais se anime a beijar ninguém, mesmo com alvará de juiz. É o desestímulo total ao beijo, em si coisa sem pecado, necessária ao equilíbrio psicossomático e, em consequência, ao equilíbrio social do País. Nosso humano e sutil juiz Eliezer Rosa daria despacho mais sábio: obrigaria Arnaldo a ajoelhar-se na Avenida Copacabana, às 5 da tarde, aos pés de cinco mulheres feias, e a ofertar a cada uma delas uma rosa, no tom mais respeitoso possível; e a abster-se de beijar sua própria namorada, se a tivesse, durante três meses. Operação e jejum suficientes para ele aprender que se deve usar de cortesia máxima com as damas, principalmente quando se quer obter delas "o que deu pera dar-se a natureza" (Camões, *Lusíadas*, Canto IX). E, ainda, que o melhor beijo é quando nenhuma das duas bocas o dá na outra: ele mesmo se dá nas duas, inevitável, alheio a uma ou duas vontades, superior a ambas como um decreto divino.

Correio da Manhã, 9 de agosto de 1967

Caso de Joaquim

O que aconteceu a Joaquim Canuto não será posto em romance, e é pena. Merecia tratamento literário, pois esse é o prêmio dos casos exemplares: convertidos em ficção, passam a ilustrar a história da humanidade, mais vivos e empolgantes do que na feição original de meras notícias.

E que lhe sucedeu a Joaquim? Viagem ao cosmo, aventura de marcar a alma para sempre, contato com uma forma aguda de mistério que só uma vez na vida nos é dado vislumbrar? Nada disso. Joaquim era servente de autarquia e deixou-se subornar. Se é que não saiu ele mesmo, por aflitiva pobreza, à procura de suborno, e o encontrou. Levado à polícia e aberto inquérito, devia aguardar julgamento sob regime de prisão preventiva. Mas o julgamento nunca mais que vem, e Joaquim vai ficando preso a título precário, no xadrez do Distrito. Um advogado chama para o caso a atenção do Conselho de Justiça e este determina que se recolha Joaquim ao Presídio ou se bote Joaquim na rua. No Presídio, como nas escolas e nas repartições, não cabe mais um alfinete, e Joaquim será libertado. Fala-se que 300 joaquins, recolhidos ilegalmente ao xadrez ou ao depósito (não de mercadorias, de gente), com culpa ou sem culpa, poderão ser igualmente libertados por falta de acomodação em lugar próprio.

À vista do exposto, haurindo de novo a brisa da liberdade, reflete Joaquim:

— Fui preso por uma burrada e solto por falta de espaço. Serei julgado em liberdade, se é que um dia terão tempo para julgar-me. Se for condenado, continuarei solto, pois não há verba para aumentar o Presídio. Solto, continuo de certa forma condenado a ser preso algum dia, não se sabe quando. Enquanto isso, recusam-me os benefícios materiais da prisão, dos quais preciso para viver. E agora, Joaquim?

Trezentos joaquins o secundarão, e tudo continuará como dantes, pois, mesmo que se multiplicassem por 10 os presídios, é provável que não dessem vazão à clientela. Não porque floresça tanto assim a criminalidade. O que aumenta no mundo, ocidental e oriental, são as prisões sem motivo, ou os motivos de prisão. A falta de fundamento para a supressão da liberdade não obsta a que ela seja suprimida, e chega a constituir fundamento. Enclausurado o indivíduo, é que se vai apurar se ele tem ou não culpa. Às vezes, nunca se apura. Outras, apura-se que tem, sim, culpa diversa. Pode ser também que se lhe atribuam culpas imaginárias, que lhe caberia assumir em face de sua situação histórico-social. A isso já se deu o nome de universo concentracionário, denominação tão boa que, mesmo lançada para definir um estado de depravação da consciência, acaba anestesiando espíritos menos vigilantes, e não organiza os cidadãos para a revolta, mas os inclina à aceitação pessimista: nosso tempo, que se há de fazer senão vivê-lo? Bolas para ele, assim entendido.

Joaquim não está a par de problemas tão angustiosos; sua anedota é apenas o lado inverso da situação. Com prisões abarrotadas, no mundo, pelos que não sabem que crime cometeram, não pode sobrar um cantinho para modestos infratores ou pequenos delinquentes. Mas a lei é formalista: ou vai para lugar adequado, ou fica mesmo nesta grande penitenciária sem muros do mundo largo, onde todos somos mais ou menos carcereiros uns dos outros e de nós mesmos. Sem dúvida, a lotação comum de nossas cadeias não é de presos políticos ou confessionais: é de criminosos comuns, bêbedos, doidos e inocentes recolhidos a esmo pela polícia que ama prender por prender, sem veleidade de imitar Kafka ou justificar o absurdo filosófico. Pensando bem, Joaquim não daria romance nenhum. Mas deu uma crônica. Vai com Deus e espera tua vez, Joaquim.

Correio da Manhã, 8 de novembro de 1967

Rosa Cordisburgo

Não, Cordisburgo não deve passar a chamar-se Guimarães Rosa em homenagem a Guimarães Rosa. Seria desomenagem. Lá dos gerais-do-além, onde o suponho encantado, o Rosa protestaria. Ele nasceu em Cordisburgo, não em Guimarães Rosa. Começou o seu discurso de posse na Academia de Letras contando que João Neves da Fontoura o tratava de Cordisburgo; e terminou-o apresentando-se como tal a seu antigo chefe no Itamaraty, para lá das estrelas: "Ministro, aqui está Cordisburgo." (Última palavra pública que pronunciou.) Caso de nome de lugar invadindo e ocupando a pessoa nascida nesse lugar, os dois formando uma entidade feita de terra, sangue e imponderáveis, dentro da visão mágica do universo, que era a visão normal, cotidiana, de Guimarães Rosa. Eliminar essa fusão? "Meu Deus do céu, que palpite infeliz!"

A reação contra o projeto surgido na Assembleia Legislativa de Minas — note-se — parte dos admiradores mais fervorosos do Rosa, de seus amigos mais chegados, inclusive o mais chegado de todos, que desejam para sua lembrança os preitos maiores. Por mim, não sei de tributo mais lindo que o prestado em vida ao escritor em Belo Horizonte, onde se pode caminhar e morar numa rua chamada Sagarana. Tão fácil, pegar nos cinco livros do Rosa e escolher duas mil palavras ou locuções, nomes de lugar, de ave, de pau, de bicho, de gente, de abstração, com que batizar duas mil cidades novas, sagaranamente, deixando satisfeito o encantado. Restando ainda o nome dele, já glorioso, a ser posto numa grande praça ou jardim ou escola que se faça em Cordisburgo, Itaguara, Barbacena, ou mesmo — por que não? — para indicar um simples buriti à beira-brejo, que na ordem de grandezas do Rosa vale um império.

Sempre sofri muito com a mudança de nomes das coisas. Nome é sagrado. Ai de quem o possua feio, feliz de quem o ganhou bonito e pode usá-lo como anel ou relógio. Uma vez, acordei e minha terra natal havia mudado de nome — durante a noite. Era uma noite longa, e o nome novo representava uma homenagem, melhor, uma operação política, dizem que recebida com constrangimento pelo próprio homenageado. O fato é que, daí por diante, mudado o topônimo, senti-me cortado pela raiz. O adjetivo que me tocara para indicar a condição de nascido naquele lugar era impraticável. Desisti do nascimento até que, dissipada a longa noite, o nome velho voltou a existir. No intervalo, consolava-me botando sempre o velho nome nos envelopes e telegramas. Se a carta ou mensagem não chegasse a destino, pouco se me dava.

No universo mágico do Rosa, os nomes fazem as coisas, são as coisas. E mesmo fora dele, na geografia, nas escrituras, nos tratados, na vida de cada um, eles têm essa propriedade e natureza. Só o que é nomeado existe, e o existir não pode subordinar-se à inconstância das apelações, que gera a inexistência. Rosa é Rosa, altíssimo, sozinho em sua altura onde cintila, transiluminando-o, a estrela Cordisburgo. Intocável, depois de Rosa, por causa de Rosa, por amor de Rosa.

Correio da Manhã, 1º de dezembro de 1967

Coração de moça

Vai a moça pela rua, na Cidade do Cabo, em direção à confeitaria, para comprar bolo. Passa um automóvel e derruba-a. Levam-na para o hospital, onde morre uma ou duas horas depois. No dia seguinte, seu coração já bate no interior de um comerciante de 55 anos, e seu rim passou a funcionar em um menino de 11.

Perceberam o encadeamento sutil, a razão de necessidade, razão antissartriana por sinal, a ligar essas três vidas? O comerciante, nascido em 1915, morreria fatalmente em 1967 se em 1942 não nascesse uma certa Denise Darvall, com o mesmo RH positivo, que lhe cederia o coração. Por sua vez, em 1956 nasceria um moreninho cuja sobrevivência também iria depender do rim existente no corpo de Denise.

O problema é que Denise gozava perfeita saúde e, se fosse consultada, nem por sombra admitiria sacrificar-se por amor àqueles dois desconhecidos. Foi preciso matá--la violentamente para que cumprisse a missão. Um automóvel, dirigido por alguém cujo nome não se revelou, nascido em 19..., liquidou com a moça no momento exato em que as vidas do comerciante e do garoto reclamavam o transplante de vísceras sadias. E a arte cruel (ou benemérita) do motorista consistiu em deixar intatos, no corpo despedaçado, aquele coração e aqueles rins de moça, para atender à dupla requisição dos enfermos.

No hospital, o dr. Barnard, aflito, consulta o relógio, quer saber se alguém acaba de morrer em algum lugar do Cabo, com o organismo em boas condições para ele tentar a grande intervenção. Ninguém coopera, ninguém quer ajudar a ciência a refazer a vida? Os mortos por doença, desastre ou suicídio, essa tarde, não são satisfatórios. O comerciante debate-se nas intermitências da crise cardíaca. Não pode esperar mais, e também pergunta, mais com os olhos do que com um resto de voz ansiosa: "Ninguém morreu? E minha operação?" O menino, igualmente, há de estar preocupado — mas deixemos o menino, que o seu caso, embora integrado no esquema geral, não oferece mais curiosidade científica. No hospital do Cabo, paira uma tensão insuportável. Eis que, em certo ponto, certa moça sente vontade de comer bolo, não tem bolo em casa, vai à confeitaria. Aí o carro a pega, um carro que resolve a

212

situação. Essa não comerá o bolo. A natureza, ou que nome tenha, iludiu-a até o fim, criando-a para uma experiência de medicina, dando-lhe órgãos perfeitos, insinuando-lhe uma fome de bolo que não seria atendida. Ela não comerá bolo nenhum. Sua entrada no hospital é tragicamente oportuna. Que importa que ela morra? Por outra: é essencial que morra; do contrário... Do contrário, menino e homem nunca mais comerão bolo na vida, aquele bolo que não estava reservado à moça, e não era mais que um estratagema.

A menos que (à hora em que escrevo, impossível saber o desfecho da experiência) a doação da moça não conduza a resultado positivo algum, e também o comerciante e o menino sejam imolados. Ainda assim, não desaparece o elo de datas: 1915, 42, 56, todas desaguando em 67 e reunindo três vidas na sala de cirurgia, para o câmbio em proveito de duas deficitárias, com eliminação (previamente desejada) da vida normal. Então, a natureza terá requintado na gratuidade de desígnios: cria, troca, mata, diverte-se sob pseudônimo, indiferente à dor, à esperança, à justiça, a tudo... Criar a moça para repartir-lhe os pedaços com um mais velho e um mais moço, sem relação aparente, sem explicação, haverá fantasia mais sinistra?

Reparem que não usei a palavra destino para justificar a sorte da moça: sacrificar-se pela humanidade, imolar-se inutilmente, provar a estética do absurdo, que rege o

213

mundo? Apenas uma observação, para concluir: se o homem tiver êxito no combate à morte pelo transplante de corações, é de desejar que, em etapa não muito longínqua, também consiga impedir a morte por automóvel, máquina de sua invenção.

Correio da Manhã, 6 de dezembro de 1967

Nova BH

Aí por volta de 1920, quando estreitamos relações, Belo Horizonte era uma "Velha cidade", como lhe chamou um poetinha de verso manco. Suas casas mais antigas teriam apenas 25 anos, em geral eram bem pintadas. O Parque Municipal e a Praça da Liberdade pareciam sair de um cartão-postal impresso pela manhã, explodindo de verde. Pensões regurgitavam de "acadêmicos" de medicina, direito, engenharia. Era de ver a fila de garotinhos marchando, ritmada, pelas ruas do centro, a caminho do jardim da infância de dona Ondina Brandão. Tudo era materialmente novo, inaugural mesmo. Contudo, a cidade tinha rugas: os servidores públicos transferidos da velha Ouro Preto lotavam todo o Bairro dos Funcionários, em casinhas tipo A e tipo B, e faziam pairar sobre o florido xadrez urbano de Aarão Reis e Francisco Bicalho um ar de venerável matrona preconceituosa, que coibia expansões. O PRM, partido que tinha o senso grave da ordem (a ordem era para a oposição, e biscoito champanha para a situação), dominava aquele rebanho de homens conformados, com um ou outro recalcitrante exibido como fenômeno. As mulheres, que faziam mesmo as mulheres senão esconder-se dos homens, só se deixando ver rapidamente na salinha de espera do Cinema Odeon, antes de começar a sessão das sete? Nas calçadas da Avenida Afonso Pena, moças faziam *footing*, domingo à noite, como deusas inacessíveis, estrelas; a gente ficava parado no meio-fio, espiando em silêncio. E divertimento era esperar o trem da Central, que trazia os jornais matutinos do Rio; era fazer interminavelmente a crônica oral da cidade nas mesinhas de café do Bar do Ponto, literaturar à noite na Confeitaria Estrela, do Simeão, que nos fiava a média, com pão e manteiga. Não acontecia nada. Que paisagem! Que crepúsculos! Que tédio!

Agora que Belo Horizonte completa setenta anos, agora é que ela está moça, e meus olhos pasmam diante de sua graça desenvolta de garota saindo da piscina. Sim senhor, não conheço este brotinho. Por mais que insistissem em manter padrões de monotonia e melancolia, os funcionários foram varridos pela gente jovem. O PRM acabou. Os partidos que lhe sucederam já não inspiravam sacro terror, e tantos surgiram e sumiram que ninguém mais prestou atenção neles. Veio clube disso e daquilo, veio estádio colossal, veio riqueza que às vezes é meio irritante por semostradeira e egoística, mas o certo é que, setentona, a Capital conquistou juventude. Uma juventude a que não falta a nota *hippie*, com seus ingênuos exageros. Aqui e ali, um pecado contra a natureza (vide Avenida Afonso Pena, desfolhada), mas, em compensação, boas revistas universitárias, que nós, na Guanabara, continuamos a não ter; grandes jornais, uma chusma de artistas plásticos mandando brasa, e teatro, e balé, poesia e conto novos, atletas, pesquisadores, cientistas, gente, gente, gente, moça, mocíssima, que acabou de nascer e já impõe às coisas sua marca. Dir-se-á que é universal o fenômeno de explosão demográfica? Em Belo Horizonte, a multiplicidade do novo contagia formas velhas, integra-se na fisionomia urbana, faz um com a cidade, revela-a efetivamente moça, como não a conhecemos nos idos em que tinha apenas mocidade cronológica.

É uma graça. O que não tem graça nenhuma é que, enquanto Belo Horizonte faz contagem de tempo em bossa-nova, o cronista, que a ama de antigo amor, conta o dele pelo sistema clássico, inexorável, e hoje se sente bisavô de uma esbelta septuagenária.

Correio da Manhã, 10 de dezembro de 1967

Amor em vez de guerra

Quando os *hippies* lançaram ao mundo o 11º mandamento — *Don't make war, make love* —, a ONU deveria tê-lo adotado sem pestanejar, como princípio, resolvendo com ele todas as questões de terra, de dinheiro e de sentimento que infernizam nosso planeta. Era a grande solução, e frustrou-se.

A frase ficou sendo propriedade exclusiva de jovens e de ex-jovens que desejariam ocupar vitaliciamente a precária faixa da juventude. Não se lhe percebeu o valor ético e político, o alcance universal que a transformaria em estatuto básico da vida, livre para sempre de todos os equívocos, cobiças e ódios. O resultado é que os próprios jovens, não sabendo gerir o tesouro, acabaram por deformar essa lei sublime, e agora, nas paredes da Sorbonne, uma das inscrições que documentam o sentido da insubmissão dos estudantes é esta: "Quanto mais eu faço amor, mais vontade tenho de fazer revolução; quanto mais eu faço revolução, mais vontade tenho de fazer amor." Amanhã, não duvido nada que apareça nos muros de qualquer cidade outra inscrição: "Não façamos somente guerra nem somente amor: façamos amor e guerra."

E olha que esse mandamento custou a amadurecer. Desde Moisés, porta-voz do Senhor, que o divulgou de maneira analítica, desdobrado em dez parágrafos, sujeitos a controvérsia, até o *hippie* que fez a formulação definitiva, muito sangue correu em torno e por cima do bom pensamento de amar em vez de guerrear. A tal ponto que o preceito dos rapazes soou como alguma coisa insolitamente nova, um achado surpreendente nas cavernas morais do poema.

Cabe aqui uma retificação histórica, e devo-a realmente a um historiador, o professor Hélio Viana, que, relendo no Suplemento Literário do *Minas Gerais* o "Noturno de Belo Horizonte", de Mário de Andrade, teve a atenção voltada para este passo do poema:

> *Não prego a guerra nem a paz, eu peço amor!*
> *Eu peço amor em todos os seus beijos...*

O "Noturno" é de 1924, publicado pela primeira vez em 1925, na revista *Estética*. Deve-se, pois, a Mário de Andrade a redação quase final do mandamento *hippie*, que a consciência lírica do poeta soubera proclamar quarenta anos antes que a sensibilidade dos jovens o descobrisse.

Quase final, porque Mário declara não se interessar pela paz. Não nos escandalizemos. Nem se veja nisto contradição do "intransigente pacifista", como ele se confessa no *Losango Cáqui*. Nos versos seguintes do "Noturno", Mário repele a inércia do morno estado de "paz universal e eterna", ou "paz obrigatória", contrapondo-lhe o estado de amor, pois "o amor não é uma paz", é "bem mais bonito que ela", em seu dinamismo e crepitação. Em definitivo: para Mário de Andrade, o que se oferece como alternativa à guerra não é a neutralidade da paz, mas o elemento ativo do amor.

A filosofia dos *hippies* parece — ou parecia — estar contida nesta ideia, que os atuais acontecimentos do mundo não prestigiam. Em todo caso, foi bom que um poeta nosso a formulasse há quase meio século, e para minha vaidade de mineiro que o fizesse invocado pelas sugestões inebriantes de uma noite em Belo Horizonte ("os poros abertos da cidade / aspiram com sensualidade, com delícia / o ar da terra elevada..."). A capital de Minas ficou sendo o lugar onde primeiro se formulou este evangelho mínimo. Se o mundo não o praticar, não será por culpa nem de Mário de Andrade nem de minha província.

Correio da Manhã, 21 de junho de 1968

Outono & amor-perfeito

Informa-se oficialmente que chegou o outono, tempo de anêmona, begônia, ervilha-de-cheiro, gerânio e, principalmente, amor-perfeito. Sim, acredite-se ou não, dessa flor de nome impossível, lembras-te, alma? que enfeitava os poemas de Cecília Meireles:

> *Suas cores são as de outrora,*
> *com muito pouca diferença:*
> *o roxo foi-se quase embora,*
> *o amarelo é vaga presença.*
> *E em cada cor que se evapora*
> *vê-se a luz do jardim suspensa.*

Quer dizer: flor que se colocava entre as páginas do livro, flor que ia desbotando com o tempo, mas que dizia sempre da nostalgia do jardim antigo e do amor idem.

Então, se o outono chegou (não se sabe donde veio, nem onde está; junto à piscina do Copa, entre estarletes semostradeiras do Festival, é que não pousou), quem tiver seu vaso na varanda cuide bem dele, para ver abotoar a flor outonal. E quem não tiver, fique por aí imaginando flores, mesmo correndo o risco de ser acusado de alienação, tanto pela direita como pela esquerda. Sendo que o amor-perfeito, absolutamente fora de moda, é, entretanto, das mais belas e merecedoras de louvação.

Continuo lamentando que nosso tempo abomine flores, a não ser a margarida padronizada que hoje se pinta nos automóveis. Esse desamor não será levado a seu crédito, no dia em que os tempos prestarem contas ao Eterno. Os amores-perfeitos não falam só a linguagem dos corações, que é controvertida e feita mais de silêncios que de fonemas e sintagmas. São expressivos em si, e passo a palavra a Hermes Moreira de Sousa, que entende do riscado: "Quando bem aberta e de tamanho regular, a flor do amor-perfeito se apresenta como se tivesse um rosto, concorrendo o colorido que possui para exercer um efeito apelativo sobre o observador." E continua: "As flores estão sempre voltadas para a direção de onde provém maior irradiação solar, e os rostos apresentam-se como que parados, atentos."

Quem ainda não percebeu essa expectativa tensa do amor-perfeito, e não lhe sentiu a atitude moral, não merece cultivá-lo, como de resto ninguém o cultiva mais, depois de falecida certa querida parenta minha, que, em seu jardim mineiro, os tinha estupendos e grandes, como admiráveis eram também suas flores-de-seda, seus cravos, rosas, dálias e crisandálias, mas estou fugindo ao assunto.

Pensée, pansy, heart's-ease, como quer que se lhe chame, há sempre o reconhecimento de certa propriedade sensitiva ou reflexiva no amor-perfeito. Não é (não seria) mera flor para adorno, anódina, meio boba: tem atitude, comportamento de gente, entre delicado e nobre.

As mais antigas estampas conhecidas de amor-perfeito, pelo que me sopra meu espírito-santo-de-orelha, têm cerca de 400 anos. De então para cá, a flor mudou muito, por obra e graça de cultivadores proficientes, que lhe deram novas cores e dimensões. Confesso que o amor-perfeito do tamanho de uma página de jornal me poria em fuga, e parece que na Suíça trabalham para isso, com sua espécie gigante. Em 1813, o dicionarista Morais registrava suas "cinco pencas roxas e amarelas"; hoje temos o marrom e o vermelho, e a pauta de tons segue o capricho da arte.

No calendário é outono, e não vejo lá fora sinais de que ele esteja acontecendo de fato entre os viadutos, o imposto de renda e os mortos de Alagoas. Muito menos no invisível amor-perfeito que procuro no jardim invisível da cobertura. Mas, se o calendário falou, vamos acreditar no calendário, cultivando em pensamento essa flor que abre no outono e tem um nome que antigamente se usava tanto, tanto... Lembras-te, alma?

Correio da Manhã, 21 de março de 1969

Fugindo à multa

Mil novecentos e setenta ainda não pisca no horizonte, e já se anunciam com ele os agentes do Recenseamento. Confesso-me perturbado. Ainda outro dia, parece que foi na semana passada, eles estiveram aqui em casa, indagaram, tomaram notas...

— Engano seu, poeta. Foi em 1960 que vieram. Há nove anos. O tempo de um garoto nascer e aprender a ler *Meu Pé de Laranja Lima*...

E eu, que não vi passar esses nove anos. Mal respondi às perguntas do recenseador, tenho de responder de novo. Poderia dizer-lhe: "Tudo igual, volte em 80." Mas será mesmo que tudo continua igual? Entre 60 e 69, a Lua foi desmitificada, o coração trocou de peito, congelou-se o ser vivo, criou-se a vida em laboratório. É ração de elefante para se assimilar em nove breves anos.

Já não sei que responder ao rapaz (ou à moça) do censo. Se ela contar em mim um habitante deste País, receio que esteja enganada. Não posso mais distinguir se sou um, objetivamente uno, ou cinco, ou dez, ou tantos, ou nenhum. A multiplicação das possibilidades técnicas dilatou-me como um imenso pastel que já nem cabe na pastelaria ou como essas estruturas infláveis que estão na moda em arte. Na cidade faço hoje o trabalho de quinhentos homens, se me derem uma máquina xerox; tenho a velocidade de mil cavalos, se me coloco num engenho de transporte. Contudo, a massificação produzida por esse enriquecimento de capacidades me faz pequenininho como um vírus, se é que não me torna inferior a ele, e inexistente, e invejoso da vida autônoma do vírus.

Bem sei que esse duplo resultado, que chamarei de catastrófico, não foi obra exclusiva da década de 60; nela, porém, é que se exacerbou o processo, e adquirimos a consciência de que cada um de nós é muitos e ninguém, ou nada. Com isso, o censo demográfico e estatístico tornou-se empresa particularmente difícil. Os números, quanto mais compulsados, mais se esvaziaram de significação. A distância da Terra a Vênus é menor do que a distância do meu bairro ao centro urbano. Todos os dias procedemos à conversão de algarismos em outros algarismos; a correção do valor importa em reconhecer que ele estava errado. Li que o censo vai perguntar minha renda. Que renda? A de hoje ou a da semana passada? Declarar que tenho um milhão é confessar que sou pobre. Entretanto, o fisco me contesta: nominalmente, sou rico. Terei, no máximo, uma percentagem daquilo que tenho, isto é, que suponho ter.

Honestamente, não poderei preencher o quadradinho relativo à profissão. As qualificações tornaram-se fluidas, ou extensíveis como os pastéis. Cada um de nós é um pouco isso e um pouco aquilo, sem ser precisamente nem isso nem aquilo. Os médicos são boiadeiros, as cantoras líricas são corretoras de seguros, o padre abriu uma agência de carros de aluguel, e minha copeira abandonou o serviço para ser cantora de samba lançada pelo Chacrinha (esta pelo menos foi autêntica, e sua opção habilita-a a preencher corretamente o questionário).

Como é que o recenseador resolverá os problemas de identidade e quantidade, no mundo caótico tão admiravelmente regulado pelos aparelhos de precisão, e tão desregulado pelos manipuladores desses aparelhos? Claro que não vou responder a mais esta pergunta. Apenas tento justificar-me antecipadamente, se por acaso o computador não digerir os pontos de interrogação que eu semear como respostas à curiosidade do censo. Por favor, não me multem. Pois calcular a multa, cobrar a multa, recolher a multa serão outras tantas operações complicadas, tanto para a Nação como para o multado, e o melhor é deixar pra lá.

Correio da Manhã, 30 de maio de 1969

Obrigado, Bahia

Jogando fora minha extraordinária modéstia, confessarei que sou um poeta querido da Bahia. E mais: pela mão da Bahia, os versos do supra-assinado passaram a figurar em anais legislativos, tanto na esfera estadual como na federal. Castro Alves, lá da Glória, decerto já está cansado de ser objeto ou ilustração de discursos parlamentares, e não se roerá de inveja, mas e Capinam? E Caetano e Gil, letristas? Estes, que eu saiba, se bem que muito amados na terra natal, ainda não tiveram suas produções lidas em plenário e transcritas em ata. Pois aqui vosso servidor experimentou este prazer cívico-literário por obra e graça de baianos, a quem agradeço de público.

Devo a Rui Santos, líder de bancada e escritor federal, a honra de ter uns versinhos sobre o novo câncer, que é o câncer-propaganda, incorporados à crônica parlamentar em Brasília. Como toda gente, Rui começa a aborrecer-se com essa conversa de que tudo dá câncer; daí levar dita poesia ao conhecimento dos senhores deputados. Não espero que eles votem uma lei proibindo o terror das palavras como agente cancerígeno, tal como fez o Governo uruguaio, que mediante portaria suprimiu da língua espanhola determinado número de vocábulos, impedindo que eles circulem nos jornais. (Oi, Machado de Assis, que crônica ou conto fabuloso faria sobre o terror léxico!) Mas acredito que a leitura dos versinhos tenha tornado mais amena a tarde em Brasília, e agradeçam-me os deputados, como eu agradeço a Rui Santos.

Em Salvador, o deputado estadual Raimundo Rocha Pires foi à tribuna brigar com um colega e apelou para a minha "Quadrilha". Com licença: transcrevo-a para melhor entendimento do episódio:

João amava Teresa que amava Raimundo
que amava Maria que amava Joaquim que amava Lili
que não amava ninguém.
João foi para os EUA, Teresa para o convento,
Raimundo morreu de desastre, Maria ficou para tia,
Joaquim suicidou-se e Lili casou com J. Pinto Fernandes
que não tinha entrado na história.

Aplicando *el cuento*, o deputado Pires disse que seu adversário (não vou repetir-lhe o nome, porque não entro em briga de ninguém, nem mesmo nas minhas) é o próprio J. Pinto Fernandes, "que, na política baiana, e principalmente nesta casa [a Assembleia Legislativa], só chega ao final da história, de todas as histórias, para casar com Lili". E acrescenta:

"Lili é, para ele, o nome da presa de suas já velhas e ainda moças ambições. Lili pode ser, como já foi, a Secretaria de Fazenda. Lili pode ser, como está sendo, de novo, a Secretaria de Fazenda. Lili pode ser, como já foi, a presidência da Assembleia Legislativa. Lili pode ser, como está sendo, de novo, a presidência da Assembleia Legislativa. Lili poderá ser, como nunca foi, uma cadeira de senador, nas próximas eleições de 70. Eleições diretas e difíceis. Lili poderá ser, como vem sendo eventualmente, uma vice-governadoria nas iminentes eleições de 70. Eleições indiretas e facílimas. Uma barbada. Lili poderá ser tudo e nada. Tudo ou nada. Conforme as ambições valetudinárias de nosso J. P. Fernandes. Mas, para casar com Lili, o deputado X não olha meios nem modos. Diz-se parente do Governador e do Secretário, o que, na Bahia, ninguém sabia até então. E sai a campo para defender os primos. Ainda bem que se trata de parente em quinto ou sexto grau... etc."

Não sei se e como o deputado X respondeu ao seu adversário. Como este se chama Raimundo, na própria "Quadrilha" o novo J. Pinto Fernandes, topando a parada, acharia arma de retruque, prevendo um desastre político fatal ao contendor. Contudo, não me envolvo em política baiana e, homem de boa paz, gostaria que as Lilis fossem duas, para que nem Raimundo nem J. Pinto se queixassem da falta de par, na dança política. Uma só Lili para os dois é que não cabe no verso. De qualquer modo, obrigado, Bahia. Só por tuas artes e mandingas a poesia entraria nas câmaras.

Jornal do Brasil, 6 de dezembro de 1969

Nasce uma orquídea

Entre as desesperanças da hora, e à falta de melhores notícias para os brasileiros, venho informar-lhes que nasceu uma orquídea.

Nasceu, isto é, foi batizada. Seu nome de batismo é o do cronista Rubem Braga. A partir deste ano, há uma orquídea com o nome do Braga, ou, se preferem, o Braga virou orquídea.

Leio no *Boletim do Museu de Biologia Professor Melo Leitão*, série Botânica, editado em Santa Teresa, no Espírito Santo, que o naturalista Augusto Ruschi deu o nome *Bragae* a uma espécie de planta epífita encontrada naquela região. E que tal nome constitui homenagem "ao Embaixador Dr. Rubem Braga, em reconhecimento de seus trabalhos a favor da salvação e preservação do patrimônio natural do Estado do Espírito Santo e do Brasil, antevendo o ilustre capixaba o benefício que essa riqueza prestará ao desenvolvimento da ciência e da cultura, em favor da humanidade".

Physosiphon Bragae Ruschi, n. sp., tem raízes esbranquiçadas, como o Braga tem a cabeleira; seu caule primário é recoberto de bainhas agudas, como agudas são as observações que o Braga faz sobre a vida, os homens, as mulheres e as coisas, de uma agudeza que fere só quando é preciso ferir a injustiça. Suas flores são comumente geminadas, raramente solitárias. Aí parece haver uma contradição com a natureza do Braga, que combina solidão e geminação, mas, pensando bem, ele é um solitário orquidáceo comunicante, raramente desligado de outra flor. A cor predominante da orquídea é a púrpura vinácea, intensa; mesmo o verde das sépalas é matizado de púrpura escura. Que o Braga ame o bom vinho, como sujeito de gosto apurado, não é o importante para justificar a aproximação entre ele e a flor. A púrpura do Braga, a meu ver, resulta de uma realeza interna que ele disfarça sob a indumentária republicana. A cobertura onde mora é um castelo que se submeteu às leis do condomínio. O Braga, imperador ou príncipe renascentista, seria manso e generoso com seus vassalos, decretaria o prazer e a calma, exigiria que não o forçassem a baixar leis de exceção, sob pena de abdicar. A sede oficial do seu reino seria Cachoeiro de Itapemirim, mas o Braga reinaria em qualquer parte do planeta, sem se importar com jurisdições e protocolos. Sabendo-o rei, eu só recearia que ele anexasse Minas Gerais ao Espírito Santo, para solucionar uma velha e chata questão de fronteira; mas se lhe oferecêssemos, na hora da anexação, uma huri de olhos de veludo, ele talvez se esquecesse da coisa, e mandasse servir um uísque confraternizatório.

Outro elemento de identificação entre a flor e o Braga: aquela tem a coluna erecta, levemente curvada; este a mantém vertical diante dos poderosos, mas inclina-a diante da beleza.

Enfim, o Braga é uma flor, como se vê, e uma flor rara, que as nossas matas presenteiam à cidade. De resto, ele parece mesmo ter vindo há poucos instantes da mata, com alguma coisa de vegetal e de bicho no aspecto; não é à toa que sabe nomes de plantas e animais, conhece vozes, pios, rastros, costumes da fauna: tudo isso foi seu companheiro numa fase anterior, em que o Braga, em vez de orquídea, era cabiúna, jacarandá, martim-pescador, sabiá, como agora é rei exilado e barão-da-torre. Se ele escreve com insistência sobre a conservação da natureza, pedindo, reclamando, protestando, denunciando atentados de toda sorte contra nossos recursos vegetais e animais, é porque ele próprio sente, na haste ou no pelo, a brutalidade dos golpes.

Augusto Ruschi, o sábio admirável, percebeu claramente a relação Braga-terra ao dedicar ao capitão a orquídea vermelho-púrpura. Não é todo mundo que merece virar nome de flor. A maioria merece justamente o contrário. No caso do Braga, se a orquídea souber, deve ficar satisfeita.

Jornal do Brasil, 3 de março de 1970

O companheiro oculto de Aitken-14

Cada vez sinto mais a força poética do conhecimento científico. Poeta, para mim, neste momento, é Ronaldo Rogério de Freitas Mourão, astrônomo-chefe da Seção de Equatoriais do Observatório Nacional. Seus livros de versos não contêm versos, embora obedeçam à métrica mais exigente: a micrométrica. Usa o menor número possível de palavras; exprime-se por algarismos, com rigor matemático. Entretanto, Rogério vê o invisível, o que me parece ser o objeto principal da poesia, e resultado que raros poetas conseguem obter em raros instantes de felicidade verbal.

Ver o invisível? Isso mesmo. Armado de poderosas lentes de observatório, não se satisfaz com o que elas lhe revelam; vai além, e, a poder de cálculos, identifica, suspensos no espaço, corpos alheios à vista humana. Ainda agora, descobriu o *companheiro oculto* de Aitken-14, estrela dupla.

As estrelas duplas são o forte desse moço pesquisador celeste que já editou quatro séries de dados sobre pares de estrelas, fruto de observação própria. O catálogo do Lick Observatory, em 1964, informa sobre a existência conhecida, até 1960, de 64.247 estrelas duplas. Nesse universo fantástico, Ronaldo se move com a perícia (e a intuição poética) do caçador submarino que fisga espécies novas para oferecê-las ao conhecimento humano.

Estrelas duplas, ou binárias, são as que se apresentam com características comuns de posição e movimento. O padre O'Grady, em seu dicionário do céu, salva minha ignorância, anotando que a origem desses *sistemas estelares* ainda é objeto de discussão; admite-se geralmente que as duplas resultam da divisão de estrelas simples, do mesmo modo que, ao se dividirem as duplas, se criam as triplas, e assim por diante. Seja como for, o certo é que a imagem desses astros conjugados em órbita é de extraordinária eficácia lírica. A relação amorosa fatalmente se insinua no conhecimento científico, ou este é que o sugere. Estrelas que não querem viver desgarradas, que se prendem por uma necessidade maior, denunciada pelo Dante: *l'amor che move il sole e l'altre stelle.* O verso medieval não se gastou, depois de tão repetido pela demagogia poética: a ciência de nossos dias o comprova.

Aitken-14 não se satisfez com a existência geminada; guarda consigo o segredo de outra companhia, de que Rogério Mourão foi descobridor à custa de muita e ordenada pesquisa, ele que retificou as medidas internacionais da Dunlop-203 e devassa o céu noturno, sem Lua, por meio de uma "câmara todo-céu", de sua concepção. Que companhia é esta, invisível mas pulsante na página cheia de números? A objetiva mais poderosa ainda não logrou captá-la. Não há imagem brilhante, disco estelar, anéis de difração. Tudo está entre Rogério e a folha de cálculos enigmáticos para nós leigos, mas *isto* se move, *isto* vibra, e amanhã, daqui a não sei quantos anos, terá conhecida sua natureza, sua composição, seu mistério; será talvez pisado por pés de homem. Segundo o *Informe JB*, que dá a notícia, Rogério sabe que tão cedo sua descoberta não será cantada em prosa e verso. Nem precisa de canto. A descoberta é a própria poesia. Forma diversa da usada habitualmente para manifestar a criação poética, e mais direta: a criação do próprio fato de poesia, abstração tornada realidade. Não, Ronaldo Rogério de Freitas Mourão não necessita de prosa ou verso, ou versiprosa, para que visualizemos sua estrela oculta: ela está luzindo com apenas ser enunciada, e daqui lhe confesso minha inveja: ah, que sei apenas escrever a palavra estrela, e jamais descobrirei uma...

Jornal do Brasil, 26 de maio de 1970

Helena, de Diamantina

Na segunda-feira tão feliz, com o povo se refazendo das emoções da véspera a fim de melhor desencadear as alegrias da chegada de seus atletas exemplares (ai Copa do Mundo, tão linda e limpamente ganha, que até pareces sonho mas és realidade de se pegar e beijar), morreu Helena Morley. Pouca gente ficou sabendo da notícia. Senti que morresse no intervalo de duas festas nacionais. Merecia experimentar as alegrias completas que a vitória está oferecendo a nós todos. Não adianta ponderar que Helena estava para completar 90 anos, e que nessa altura a vida é mais um cochilo do que um favor da sorte, ou um direito humano. Para mim, tinha apenas 13, 14 anos — a idade em que escreveu este livro universal, chamado *Minha Vida de Menina*.

Com que o escreveu sem saber que compunha um livro, ao rabiscar notas de diário num caderninho de escola, e, menos ainda, sem desconfiar que esse livro seria obra-prima digna de qualquer literatura. Muitos anos depois, espantada com o sucesso de seus rabiscos, Helena confessava a um repórter:

— Mas este livro só tem bobagens, bobagens de menina! Leia e diga se não é verdade.

Só ela não acreditava na qualidade dos apontamentos. Elizabeth Bishop, grande poeta norte-americana que traduziu a obra para o inglês, bastaria para demonstrar o contrário. Georges Bernanos, exilado no Brasil, em contato íntimo com a alma de nossa gente, achava o livro simplesmente genial (esta palavra, na década de 40, não tinha perdido a força). A genialidade de Helena residia precisamente nisso: não se sabia tal. Todo o verdor, toda a graça petulante de seus escritos de criança guardados na gaveta e só muito mais tarde revelados por iniciativa do marido e de uma filha permanecem intatos num contexto social e histórico que se diria corresponder, não a outro século, mas a outra era geológica. E é a leitura ou releitura das impressões infantis de uma garota mineira de 1893, em Diamantina, que nos dá uma satisfação profunda, ao sentirmos a permanência de alguma coisa que não se deixou vencer pela robotização nem pela selvageria a que o extremo requinte de civilização vai conduzindo o homem. Se ainda somos capazes de nos deliciar com o diário de Helena, as coisas não estão assim tão feias. Ela nos redescobre a infância, faz rir e comove, observadora sagaz e moleque de um panorama familial que se alarga até abranger a vida em movimento da cidade e da região, com seus veios de diamantes quase esgotados, seus tipos populares, suas fazendas, festas religiosas e profanas, suas comidas, seu jeito inconfundível de ser, e sua humanidade. Diamantina é a única cidade jovial das zonas de mineração, sempre macambúzias no seu "aqui outrora retumbaram hinos". Mesmo na decadência econômica, seu povo manteve as alegrias do canto, do vinho e da comunicatividade. E há no livro de Helena o reflexo desta postura saudável diante da vida cheia de problemas. O senso de *humour*, da ascendência britânica, dava à menina óptica especial para ver e comentar.

Numa cartinha com que me honrou há dois anos, Helena voltou a contar coisas de seu tempo: "Como sabe, nasci no mato mineiro, onde só havia uma lavra, na qual trabalhava meu pai. Na família, nunca ninguém viu outro dinheiro a não ser o tirado da terra: diamante e ouro. Meu avô trabalhava com um só escravo e era pobre; um dia, acertou num cascalho com tanto diamante que enriqueceu para o resto da vida. Mamãe contava que um irmão convidara meu pai a entrar de sociedade com ele num 'serviço'; ela rezou novena a Santo Antônio para saber se valia a pena entrar nessa combinação. No dia seguinte, bateram na porta. Era um mineiro que disse a mamãe:

'D. Alexandrina, eu vim aqui para salvar seu marido de entrar de sociedade com seu Antonico. As terras em que ele vai trabalhar estão lavradas, ele vai perder dinheiro ali.' Mamãe respondeu: 'Foi Santo Antônio que mandou você aqui; acabei de rezar uma novena a ele.' Meu pai não entrou no 'serviço'. Os diamantes estrelaram na bateia dos trabalhadores, e nós ficamos os únicos pobres da família. Desde então Santo Antônio é o santo de minha antipatia."

Helena (ou, se preferem, a Sra. Alice Brant, viúva desse outro excelente e hoje desconhecido escritor que foi Mário Brant) morreu entretanto no mês de Santo Antônio. Este, que é boa-praça na tradição brasileira, deve tê-la recebido com carinho, se o Céu for, como deve ser, uma Diamantina maior.

Jornal do Brasil, 25 de junho de 1970

A pianista que continua

Uma placa de bronze, com algumas palavras sob o relevo de uma cabeça feminina. Há muitas placas por aí, em muitas paredes, celebrando cabeças masculinas. De mulher, são raras. O metal nobre dá preferência à glorificação dos homens, e só de longe em longe se lembra de que também existem — acredite-se ou não — mulheres notáveis.

A placa de que falo foi inaugurada, há pouco, na Sala Cecília Meireles, e para que a mulher a merecesse foram-lhe necessários 42 anos de trabalho. Fora os de preparação cultural e técnica exigidos por esse trabalho. E mais — o que não pode ser contado em tempo, mas em alma — uma troca de destino.

De Lúcia Branco, a conquistadora da placa, se pode dizer que nasceu para o piano. Muito jovem, conquistou

247

nome como recitalista, na Europa e no Brasil. E, um dia, trocou essa carreira pela de professora de piano.

Creio que mais de uma vez terá sentido o gosto ácido dessa opção, feita com sacrifício, não apenas de toda vaidade, mas de tudo quanto em seu íntimo era força natural da vocação. O sucesso de outros intérpretes há de ter-lhe provocado remorsos pela renúncia ao que devia a si mesma, como realização pessoal. Por outro lado, imagino que em certas ocasiões ela sentisse a tentação de dizer, jeitosamente, ao artista famoso: "Mestre, não leve a mal, mas o senhor (ou a senhora) poderia fazer isto melhor; seja mais sutil, exija mais de si e do instrumento..." Da repetição desses instantes terá surgido nela a vontade de ensinar a outros como fazer o que fazia com tanta segurança; e ensinar logo no começo, e não mais tarde, quando as árvores já não endireitam o tronco. Sempre na linha das suposições, também terá pesado em seu espírito a triste verificação de nossa incultura musical generalizada, responsável pela má-formação de tantos talentos que não chegam a dar a medida de suas potencialidades. E Lúcia sentiu--se responsável, ela que guardava para si um feixe de segredos de ouro, mistérios de piano e astúcias de pianista. Deixou de aparecer nas salas iluminadas, nos programas, no noticiário, para ficar por trás da cortina, onde se faz a dura aprendizagem da arte. Outros que brilhassem. Ela, nunca mais.

Decerto lhe valeu muito, nas dúvidas, inquietação e intermitências desse processo de abdicação do ser como indivíduo, em proveito do ser social, quase anônimo, a tendência espiritualista, que a foi conduzindo para uma concepção mais alta da vida, caracterizada menos por absorção do que por doação. Lúcia compreendeu que, deixando o palco de concertos, servia a música ainda mais do que antes, pois a uma duração limitada substituía a duração contínua, por assim dizer infinita. Fez-se elo de uma corrente que vem de longe e se prolongará sempre. Beethoven (e não foi o primeiro) ensinou a Czerny, que ensinou a Liszt, que ensinou a De Greef, que ensinou a Lúcia, que ensinou a Nelson Freire, a Arthur Moreira Lima, a tantos outros...

A glória de Lúcia está agora em seus ex-discípulos, de fama internacional. Ficou independente de seus dedos, de sua sensibilidade e cultura, de seu individual estar-no-mundo. O concerto que Nelson Freire lhe dedicou no Teatro Municipal do Rio foi um dos mais puros, dos mais belos atos de agradecimento que alguém possa fazer a outrem. A placa de bronze e o concerto de Nelson comemoram suas despedidas como professora. Lúcia pensa que se despediu. Como se engana! Seu piano continua a tocar, na sucessão de artistas que se beneficiaram com sua renúncia generosa e criativa.

Jornal do Brasil, 10 de novembro de 1970

A matriz desmoronada

As casas nascem, vivem, adoecem e morrem, como as pessoas. Muitas duram menos que uma vida comum. Outras têm o privilégio de durar séculos, mas acabam morrendo também. O menino abria exceção para a matriz do Rosário. Esta não acaba nunca, pensava ele, na espécie de pensamento não pensado, que constitui o fundo de nossas certezas. Como poderia acabar? Não só tinha a aparência física de solidez como, por sua natureza, estava destinada a comandar a vida geral, geração após geração.

Não interessava saber quando, como fora construída. Se dissessem, de atas na mão, que isso acontecera havia menos de um século, a notícia não teria a menor importância. Os dados históricos boiam à superfície das coisas; não as pene-

251

tram. Em essência, a matriz existira sempre, e continuaria a existir num futuro infindável, pois assim devia ser.

E era imensa. Bastava o menino encostar-se numa das paredes externas para medir sua estatura em relação com a estatura da igreja. Relação que não poderia ser alterada com o tempo, ainda que o menino chegasse a crescer dois metros, como nas histórias que lia. A maior sensação de altura que ele haveria de ter esperava-o lá no alto da torre da esquerda, a que se subia por uma escada difícil, numa subida heroica, por especial tolerância do sacristão. Contemplar, junto ao sino enorme, o adro lá embaixo, as pessoas pequeninas lá embaixo: glória!

Era um sino que soava longe, como o relógio da fachada era um relógio que dominava todas as horas: no friozinho do amanhecer, na preguiça da tarde, no tecido confuso da noite. Horas especiais saíam dele, nítidas, severas, ordenando o trabalho de cada um, a reza de cada um. No silêncio absoluto, quando pessoas e animais pareciam mortos, tinha-se consciência da vida, porque o relógio avisava e repetia o aviso.

O adro era bom de se estar nele, vadiando, assistindo ao leilão de prendas em benefício do cofre paroquial. Não havia barraquinhas, invenção modernista. Arrematar era prazer dos grandes, que os moleques fruíam por tabela. Saídas e entradas de procissão, na igreja iluminada e cantante, aparecem como os primeiros *shows* para os olhos que descobrem o mundo.

252

No interior, presta-se pouca atenção ao que diz o vigário no púlpito. É hora de pensar em outra coisa: em jogos, pescarias, alçapões de pegar passarinho, banho de cachoeira, mesmo sem cachoeira: o filete d'água a prumo no pasto da Penha refresca, na lembrança, a aridez da pregação. E há a namorada infantil, para a qual se olha em vão, ela de rosto concentrado, na outra ala, pois Deus exige separação de sexos para melhor ser cultuado em sua casa. Não há falta de respeito na atitude do menino. A matriz é tão solene que não a atinge a insignificância pessoal.

Aquele altar lateral foi o pai do menino que doou; o prestígio familiar paira como incenso, embalsamando a nave. Quando morrermos, iremos direto para o céu, sem contestação. Campas de antepassados, nossos e dos outros principais da cidade, forram o chão da sacristia. Já ninguém mais se enterra ali. Os privilegiados incorporaram-se ao acervo sacro, suas cinzas esvaídas são alfaias invisíveis, mas presentes. Que chão esse, condomínio nosso e de Deus.

Feia, sem arte, a matriz? Quem ousaria afirmar este absurdo. O Aleijadinho não passou por aqui, nem o Ataíde, nem o Servas. E daí? Artífices anônimos assim a fizeram, para que ninguém se distraísse com sua beleza, e ela imperasse pela força, pela grandeza, pelo sino e pelo relógio. E pelo sentimento de eternidade, que parecia atributo da religião, naquele tempo.

Eterna? Pois desabou há dias, de cansada e velha, porque não a cuidavam mais: o que restou de pé teve de ser derrubado por bombeiros. Acabou, como acabam as casas e as coisas. O menino se enganara.

Jornal do Brasil, 14 de novembro de 1970

Agradecimentos

A Carlos Manuel Graña Drummond, Luis Mauricio Graña Drummond e Pedro Augusto Graña Drummond.
A Lucia Riff.
À editora Companhia das Letras.

Este livro foi composto na tipografia Minion
Pro Regular, em corpo 12/17, e impresso
em papel off-white no Sistema Cameron da
Divisão Gráfica da Distribuidora Record.